Kohlhammer

Kompass Recht

herausgegeben von Dieter Krimphove

Verwaltungsrecht

von

Prof. Dr. Annette Zimmermann-Kreher
Hochschule für öffentliche Verwaltung und Finanzen Ludwigsburg

und

Prof. Dr. Simone Wunderle, LL.M.
Hochschule für öffentliche Verwaltung und Finanzen Ludwigsburg

Verlag W. Kohlhammer

Inhalt des Download-Materials:
- Übersichten
- Prüfungsschemata
- Interaktive und statische Fälle
- Multiple-Choice-Tests
- Exkurs: Grundzüge der Bescheidtechnik (einschließlich Grundschema zum Aufbau eines Ausgangsbescheides und eines Musterbescheides)

Download des o.g. Materials unter
https://dl.kohlhammer.de/978-3-17-040866-1

Die in dem Werk verwendeten Symbole bedeuten:

 = Klausurtipps für Studenten

 = Tipps für Praktiker

 = Weiterführender bzw. ergänzender Text als Download-Datei

1. Auflage 2022

Alle Rechte vorbehalten
© 2022 W. Kohlhammer GmbH Stuttgart
Gesamtherstellung: W. Kohlhammer GmbH, Stuttgart

Print:
ISBN: 978-3-17-040866-1
E-Book-Format:
pdf: ISBN 978-3-17-040867-8

Dieses Werk einschließlich aller seiner Teile ist urheberrechtlich geschützt. Jede Verwendung außerhalb der engen Grenzen des Urheberrechts ist ohne Zustimmung des Verlags unzulässig und strafbar. Das gilt insbesondere für Vervielfältigungen, Übersetzungen, Mikroverfilmungen und für die Einspeicherung und Verarbeitung in elektronischen Systemen.

Für den Inhalt abgedruckter oder verlinkter Websites ist ausschließlich der jeweilige Betreiber verantwortlich. Die W. Kohlhammer GmbH hat keinen Einfluss auf die verknüpften Seiten und übernimmt hierfür keinerlei Haftung.

Vorwort

Das vorliegende Lehrbuch soll die Grundlagen des Verwaltungsrechts in kompakter Form vermitteln. Den Schwerpunkt bildet dabei das Allgemeine Verwaltungsrecht, das mit seinen systematischen Bezügen zum Besonderen Verwaltungsrecht dargestellt wird. Diese (der Verwaltungspraxis entsprechende) Verknüpfung soll durch die Einbeziehung von praktischen Anwendungsfällen insbesondere aus dem Bau-, Polizei- und sonstigen Ordnungsrecht verdeutlicht werden.

Das Buch wendet sich an Studierende, die sich einen Überblick über das Verwaltungsrecht verschaffen möchten. Darüber hinaus soll es Praktikern zur effizienten Auffrischung ihres Wissens im Verwaltungsrecht dienen sowie Quereinsteigern in der Verwaltung einen Zugang zu diesem für jedes Verwaltungshandeln grundlegenden Rechtsgebiet ermöglichen. Tipps für Klausur und Praxis, Übersichten und Prüfungsschemata sollen die Umsetzung in der Klausursituation sowie das praktische Verständnis erleichtern.

Im Mittelpunkt des Werks stehen – neben dem Grundlagenwissen über die verschiedenen Arten des Verwaltungshandelns und die Organisation der Verwaltung – die Voraussetzungen für den rechtmäßigen Erlass und die Wirksamkeit von Verwaltungsakten sowie die Möglichkeiten deren Aufhebung. Darüber hinaus widmet sich das Buch auch der Verwaltungsvollstreckung und gibt abschließend einen Überblick über die Grundlagen der Staatshaftung.

Den verwaltungspraktischen Bedürfnissen wird zusätzlich durch eine Darstellung der bescheidtechnischen Anforderungen an Verwaltungsentscheidungen Rechnung getragen, die im Download-Bereich abrufbar sind. Dort befinden sich auch ergänzende Prüfungsschemata sowie weitere Übungsfälle. Anregungen und Verbesserungsvorschläge aus dem Leserkreis sind jederzeit willkommen.

Ludwigsburg, im Januar 2022   Prof. Dr. Annette Zimmermann-Kreher
                                Prof. Dr. Simone Wunderle

Inhaltsverzeichnis

	Seite
Vorwort	V
Abkürzungsverzeichnis	VIII
Literaturverzeichnis	X

1. Kapitel	Grundlagen der öffentlichen Verwaltung	1
I.	Begriff der öffentlichen Verwaltung und Funktion im Staatsgefüge	1
II.	Aufgaben der Verwaltung	2
III.	Einordnung und Quellen des Verwaltungsrechts	3
IV.	Öffentlich-rechtliches und privatrechtliches Handeln der Verwaltung	8

2. Kapitel	Verwaltungsorganisation	10
I.	Verwaltungsträger	10
II.	Verwaltungsaufbau	13
III.	Staatsaufsicht	15

3. Kapitel	Grundsätze und Grundbegriffe des Verwaltungsrechts	16
I.	Grundsatz der Gesetzmäßigkeit der Verwaltung	16
II.	Verhältnismäßigkeitsgrundsatz	17
III.	Entscheidungsspielräume der Verwaltung	18
IV.	Subjektiv-öffentliche Rechte	22

4. Kapitel	Handlungsformen der Verwaltung	25
I.	Überblick über die Handlungsformen	25
II.	Verwaltungsakt	27
III.	Öffentlich-rechtlicher Vertrag	38

5. Kapitel	Rechtmäßigkeitsvoraussetzungen des Verwaltungsakts	44
I.	Rechtmäßigkeitsvoraussetzungen für den Erlass belastender Verwaltungsakte	44
II.	Rechtmäßigkeitsvoraussetzungen für den Erlass begünstigender Verwaltungsakte	89
III.	Nebenbestimmungen zum Verwaltungsakt	95

6. Kapitel   **Wirksamkeit von Verwaltungsakten** 100
I. Bedeutung und Voraussetzungen der Wirksamkeit von Verwaltungsakten 100
II. Bekanntgabe des Verwaltungsaktes 101
III. Keine Nichtigkeit des Verwaltungsaktes 113
IV. Weitere Fehlerfolgen 114

7. Kapitel   **Aufhebung von Verwaltungsakten** 116
I. Überblick über Rücknahme und Widerruf 116
II. Rücknahme 119
III. Widerruf 125
IV. Wiederaufgreifen des Verfahrens 126

8. Kapitel   **Grundlagen der Verwaltungsvollstreckung** 127
I. Überblick 127
II. Vollstreckung zur Erzwingung von Handlungen, Duldungen oder Unterlassungen 128
III. Vollstreckung wegen Geldforderungen 136

9. Kapitel   **Haftung für Verwaltungshandeln** 137
I. Amtshaftungsansprüche 138
II. Folgenbeseitigungsansprüche 142
III. Entschädigungsansprüche 143
IV. Öffentlich-rechtliche Erstattungsansprüche 146

Stichwortverzeichnis 147

Abkürzungsverzeichnis

a. a. O.	am angegebenen Ort	EinlALR	Einleitung zum Allgemeinen Preußischen Landrecht
Abs.	Absatz		
Alt.	Alternative	FeV	Fahrerlaubnis-Verordnung
Art.	Artikel	f.	folgende
AufenthG	Aufenthaltsgesetz	ff.	fortfolgende
AsylG	Asylgesetz	FStrG	Bundesfernstraßengesetz
BaFin	Bundesanstalt für Finanzdienstleistungen	GastG	Gaststättengesetz
		gem.	gemäß
BauGB	Baugesetzbuch	GewO	Gewerbeordnung
BeamtStG	Beamtenstatusgesetz	GG	Grundgesetz
BBG	Bundesbeamtengesetz	ggf.	gegebenenfalls
BBodSchG	Bundesbodenschutzgesetz	grds.	grundsätzlich
BFH	Bundesfinanzhof	h. M.	herrschende Meinung
BFHE	Entscheidungen der amtlichen Sammlung des Bundesfinanzhofs	Hs.	Halbsatz
		i. d. R.	in der Regel
		insbes.	insbesondere
BGB	Bürgerliches Gesetzbuch	i. S. d.	im Sinne des/im Sinne der
BGBl.	Bundesgesetzblatt	i. S. v.	im Sinne von
BGH	Bundesgerichtshof	i. V. m.	in Verbindung mit
BImSchG	Bundes-Immissionsschutzgesetz	JA	Juristische Arbeitsblätter
		Jura	Juristische Ausbildung
BNotO	Bundesnotarordnung	JuS	Juristische Schulung
BSG	Bundessozialgericht	KFZ	Kraftfahrzeug
BVerfG	Bundesverfassungsgericht	KrWG	Kreislaufwirtschaftsgesetz
BVerfGE	Entscheidungen der amtlichen Sammlung des Bundesverfassungsgerichts	LBO	Landesbauordnung
		LGastG	Landesgaststättengesetz
		Lit.	Literatur
BVerwG	Bundesverwaltungsgericht	LuftSiG	Luftsicherheitsgesetz
BVerwGE	Entscheidungen der amtlichen Sammlung des Bundesverwaltungsgerichts	LVG	Landesverwaltungsgesetz
		LVwVfG	Verwaltungsvollstreckungsgesetz eines Bundeslandes
BW	Baden-Württemberg	LVwZG	Verwaltungszustellungsgesetz eines Bundeslandes
bzw.	beziehungsweise		
DEKRA	Deutscher Kraftfahrzeug-Überwachungsverein e.V.	MDR	Monatsschrift für Deutsches Recht
d. h.	das heißt	m. w. N.	mit weiteren Nachweisen
DSGVO	Datenschutz-Grundverordnung	NdsOVG	Niedersächsisches Oberverwaltungsgericht
EGovG	E-Government-Gesetz		

Abkürzungsverzeichnis

NJW	Neue Juristische Wochenschrift	VwVG	Verwaltungs-Vollstreckungsgesetz
Nr.	Nummer	VwVfG	Verwaltungsverfahrensgesetz
NRW	Nordrhein-Westfalen		
NVwZ	Neue Zeitschrift für Verwaltungsrecht	VwVfG M-V	Verwaltungsverfahrens-, Zustellungs- und Vollstreckungsgesetz des Landes Mecklenburg-Vorpommern
NVwZ-RR	Neue Zeitschrift für Verwaltungsrecht – Rechtsprechungs-Report Verwaltungsrecht	VwZG	Verwaltungszustellungsgesetz
o. ä.	oder ähnliches	WaffG	Waffengesetz
PolG	Polizeigesetz	WG	Wassergesetz
RDi	Recht Digital	WHG	Wasserhaushaltsgesetz
Rn.	Randnummer	WEG	Gesetz über das Wohneigentum und das Dauerwohnrecht
Rspr.	Rechtsprechung		
S.	Seite		
SächsOVG	Sächsisches Oberverwaltungsgericht	z. B.	zum Beispiel
		z. T.	zum Teil
SchfHwG	Schornsteinfeger-Handwerksgesetz		
SGB	Sozialgesetzbuch		
sog.	sogenannte(r/s)		
st. Rspr.	ständige Rechtsprechung		
StrG	Straßengesetz		
StrWG	Straßen- und Wegegesetz		
StVO	Straßenverkehrsordnung		
StVZO	Straßenverkehrs-Zulassungs-Ordnung		
TÜV	Technischer Überwachungsverein		
u. a.	unter anderem / und andere(r/s)		
u. ä.	und ähnliches		
UZwG	Gesetz über den unmittelbaren Zwang bei Ausübung öffentlicher Gewalt durch Vollzugsbeamte des Bundes		
v. a.	vor allem		
VBlBW	Verwaltungsblätter für Baden-Württemberg		
VGH BW	Verwaltungsgerichtshof Baden-Württemberg		
vgl.	vergleiche		
VwGO	Verwaltungsgerichtsordnung		

Literaturverzeichnis

Bader/Ronellenfitsch, Beck'scher Online-Kommentar VwVfG, 54. Edition, Stand: 1.1.2022
Brenz, Die Prüfung von Ermessensnormen in der polizeirechtlichen Fallbearbeitung, JuS 2021, 934
Detterbeck, Allgemeines Verwaltungsrecht mit Verwaltungsprozessrecht, 19. Auflage 2021
Engelhardt/App/Schlatmann, Verwaltungsvollstreckungsgesetz, Verwaltungszustellungsgesetz, 12. Auflage 2021
Epping/Hillgruber, Beck'scher Online-Kommentar Grundgesetz, 49. Edition, Stand: 15.11.2021
Erbguth/Guckelberger, Allgemeines Verwaltungsrecht mit Verwaltungsprozessrecht und Staatshaftungsrecht, 10. Auflage 2020
Gassner, Kompendium Verwaltungsrecht, 2. Auflage 2019
Goldhammer, Verantwortlichkeit im Polizeirecht, Jura 2021, 638 ff.
Haug, Öffentliches Recht im Überblick, 3. Auflage 2021
Itzel, Staatliche Ersatz- und Entschädigungsleistungen bei Pandemien, in: MDR 2021, 649 ff.
Itzel/Schwall, Praxishandbuch des Amts-, Staatshaftungs- und Entschädigungsrechts, 3. Auflage 2020
Mann/Sennekamp/Uechtritz, Verwaltungsverfahrensgesetz, Großkommentar, 2. Auflage 2019
Maurer/Waldhoff Allgemeines Verwaltungsrecht, 20. Auflage 2020
Peine/Siegel, Allgemeines Verwaltungsrecht, 13. Auflage 2020
Schmidt, Allgemeines Verwaltungsrecht, 22. Auflage 2020
Schoch/Schneider, Verwaltungsrecht – VwVfG, Band III – Kommentar, Stand: August 2021
Schoch/Schneider, Verwaltungsrecht – VwGO, Band I – Kommentar, Stand: Juli 2021
Schweickhardt/Vondung/Zimmermann-Kreher, Allgemeines Verwaltungsrecht, 11. Auflage 2021
Schulz, Der elektronische Zugang zur Verwaltung, RDi 2021, 377 ff.
Stelkens/Bonk/Sachs, Verwaltungsverfahrensgesetz, 9. Auflage 2018
Stollmann/Beaucamp, Öffentliches Baurecht, 12. Auflage 2020
Struzina/Kaiser, Die Zustellung von Verwaltungsakten in der Fallbearbeitung, JA 2020, 279 ff.
Troidl, Akteneinsicht im Verwaltungsrecht, 2. Auflage 2020

1. Kapitel Grundlagen der öffentlichen Verwaltung

Das Verwaltungsrecht beinhaltet die rechtlichen Grundlagen für das Handeln der öffentlichen Verwaltung. Für das Verständnis dieser Grundlagen sind zunächst die Einbindung der Verwaltung in das verfassungsrechtliche System sowie die Einordnung des Verwaltungsrechts innerhalb der Gesamtrechtsordnung von zentraler Bedeutung. **1**

I. Begriff der öffentlichen Verwaltung und Funktion im Staatsgefüge

Mit öffentlicher Verwaltung ist zunächst **staatliche** Verwaltung gemeint. Sie umfasst die Verwaltung durch Bund, Länder, Gemeinden und Gemeindeverbände sowie andere dem Staat zugeordnete Körperschaften, Anstalten, Stiftungen und Beliehene (*Erbguth/Guckelberger*, § 1 Rn. 1; vertiefend zu den Verwaltungsträgern vgl. 2. Kapitel). **2**

Zur Bestimmung des Begriffs der **Verwaltung** werden folgende Betrachtungsweisen unterschieden: **3**
- Verwaltung im *organisatorischen* Sinn als Gesamtheit der Verwaltungsträger, Verwaltungsorgane und sonstigen Verwaltungseinrichtungen;
- Verwaltung im *formellen* Sinn als die gesamte von den Verwaltungsbehörden ausgeübte Tätigkeit ohne Rücksicht darauf, ob sie inhaltlich verwaltender Art ist;
- Verwaltung im *materiellen* Sinn als staatliche Tätigkeit, die (inhaltlich) die Wahrnehmung von Verwaltungsangelegenheiten zum Gegenstand hat (vgl. näher *Maurer/Waldhoff*, § 1 Rn. 2 ff.).

Um die Verwaltung im *materiellen* Sinn näher zu bestimmen, ist zunächst die Funktion der Verwaltung im Rahmen der **Gewaltenteilung** zu betrachten. Die Verwaltung ist Teil der *vollziehenden Gewalt* (Exekutive) und damit von der Gesetzgebung (Legislative) und der Rechtsprechung (Judikative) abzugrenzen (sog. Substraktionsmethode). Innerhalb der Exekutive ist die Verwaltung (*Administrative*) von der Regierung (*Gubernative*) zu unterscheiden, deren Tätigkeit als staatsleitend beschrieben werden kann. Verwaltung und Regierung sind **4** dabei nicht streng voneinander getrennt. Im Rahmen des Behördenaufbaus kommt der Regierung vielmehr auch die Funktion als oberste (Bundes- oder Landes-) Behörde zu; sie leitet die Verwaltung. Im Überblick kann die Funktion der Verwaltung daher wie folgt dargestellt werden (s. näher *Schmidt*, Rn. 1 ff.):

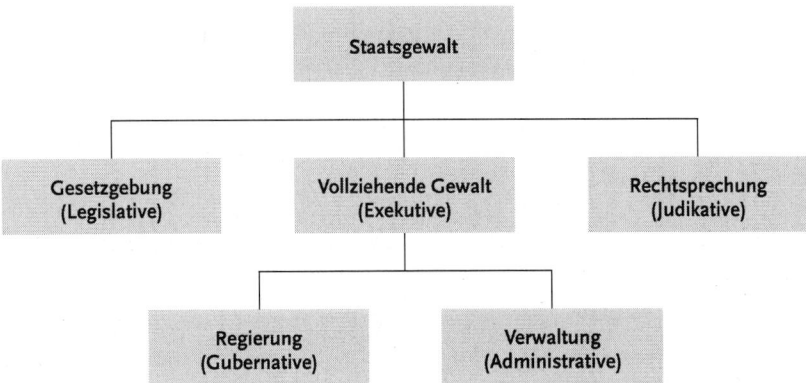

Abb. 1: Funktion der Verwaltung im Staatsgefüge

5 Über diese Abgrenzung hinaus kann die Verwaltungstätigkeit aufgrund ihrer Vielgestaltigkeit am ehesten anhand typischer Merkmale (hier dargestellt nach *Maurer/Waldhoff*, § 1 Rn. 9 ff.) näher bestimmt werden:
- Verwaltung befasst sich mit Angelegenheiten des Gemeinwesens (*Sozialgestaltung*);
- Verwaltung ist am *öffentlichen Interesse* orientiert;
- Verwaltung ist aktive, in der Gegenwart stattfindende *Gestaltung*, die auch in die *Zukunft* gerichtet ist;
- Verwaltungstätigkeit betrifft *konkrete Maßnahmen* zur Regelung von Einzelfällen und zur Verwirklichung bestimmter Vorhaben.

II. Aufgaben der Verwaltung

6 **1. Ordnungsverwaltung.** Zu den Aufgaben der Verwaltung gehört zum einen die Ordnungsverwaltung, die der Aufrechterhaltung der öffentlichen Sicherheit und Ordnung durch Gefahrenabwehr dient. Zur Gefahrenabwehr gehören neben polizeilichen Maßnahmen auch die Gewerbeaufsicht, bauordnungsrechtliche oder straßenverkehrsrechtliche Anordnungen sowie Maßnahmen auf dem Gebiet des Infektionsschutzes. Maßnahmen im Bereich der Ordnungsverwaltung sind der **Eingriffsverwaltung** zuzuordnen, soweit sie (als belastende Maßnahmen) in die Rechtssphäre des Bürgers eingreifen. Die Ordnungsverwaltung erfasst darüber hinaus aber auch begünstigende Maßnahmen, wenn der Gesetzgeber ein bestimmtes Verhalten von einer Erlaubnis abhängig gemacht hat (z. B. Baugenehmigung, Gaststättenerlaubnis).

2. **Leistungsverwaltung.** Zur Leistungsverwaltung gehören sowohl die *Unterstützung Einzelner* (z. B. durch Leistungen der Sozialhilfe) als auch die *Bereitstellung öffentlicher Einrichtungen* (z. B. Schulen). Diesem Bereich kann auch die *Daseinsvorsorge* (z. B. Energieversorgung, Straßenbau, Abwasserbeseitigung) zugeordnet werden.

3. **Lenkungsverwaltung.** Die Lenkungsverwaltung dient der Förderung und Steuerung von Bereichen des sozialen, wirtschaftlichen und kulturellen Lebens oder der Unterstützung strukturell schwacher Wirtschaftszweige. Sie ist von der Ordnungs- und Leistungsverwaltung nicht immer scharf zu trennen (vgl. *Maurer/Waldhoff*, § 1 Rn. 19).

4. **Abgabenverwaltung; Bedarfsverwaltung.** Während die Abgabenverwaltung der Beschaffung der staatlichen Geldmittel dient, hat die Bedarfsverwaltung zur Aufgabe, der Verwaltung Personal und Sachmittel zu Verfügung zu stellen.

III. Einordnung und Quellen des Verwaltungsrechts

1. **Einordnung in das Rechtssystem.** Das Verwaltungsrecht enthält die für die öffentliche Verwaltung maßgeblichen Rechtssätze und regelt die Rechtsbeziehungen zwischen Verwaltung und Bürger. Es ist (wie auch das Staatsrecht) Teil des öffentlichen Rechts.

Das **allgemeine Verwaltungsrecht** umfasst dabei die „vor die Klammer gezogenen" rechtlichen Grundlagen der Verwaltungstätigkeit. Es gilt für *alle* Bereiche der Verwaltung, soweit nicht speziellere Regelungen vorhanden sind. Zum allgemeinen Verwaltungsrecht gehören
- das *Verwaltungsverfahrensrecht*, das im Verwaltungsverfahrensgesetz des Bundes (VwVfG) und den Verwaltungsverfahrensgesetzen der Länder (bzw.

für das Sozialrecht im SGB I und X, für das Steuerrecht in der Abgabenordnung) geregelt ist;
- das *Verwaltungsvollstreckungsrecht*, das im Verwaltungsvollstreckungsgesetz des Bundes und den Verwaltungsvollstreckungsgesetzen der Länder geregelt ist sowie
- die *allgemeinen Grundsätze des Verwaltungsrechts*, die heute aufgrund der weitgehenden Kodifizierung in den Verwaltungsverfahrensgesetzen kaum mehr Bedeutung haben (als Beispiel wäre etwa der Grundsatz der Verwirkung im öffentlichen Recht zu nennen).

12 Das **besondere Verwaltungsrecht** enthält demgegenüber Regelungen für *einzelne Bereiche* der Verwaltung (z. B. Baurecht, Gewerberecht, Straßenverkehrsrecht, Versammlungsrecht). Es ist in einer Vielzahl von Gesetzen geregelt, die teilweise nebeneinander, teilweise aber wiederum im Verhältnis der Spezialität zueinanderstehen. So ist z. B. das allgemeine Polizeigesetz gegenüber den gefahrenabwehrrechtlichen Spezialgesetzen (z. B. Versammlungsrecht, Bauordnungsrecht) subsidiär (s. näher Rn. 167 ff.).

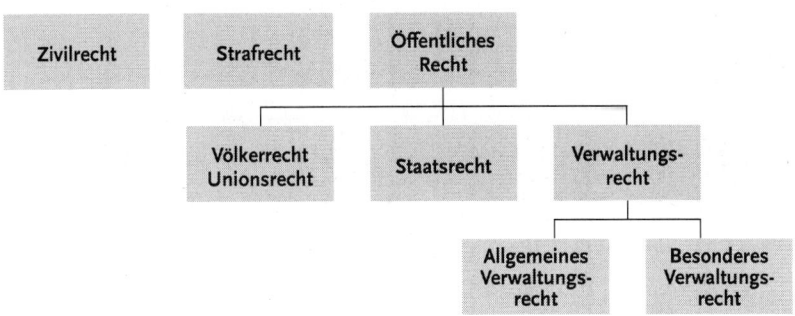

Abb. 2: Einordnung des Verwaltungsrechts im Rechtssystem

13 **2. Quellen des Verwaltungsrechts.** Die Vielzahl der Vorschriften auf dem Gebiet des Verwaltungsrechts erfordert die Klärung der Frage, in welchem Verhältnis diese Regelungen zueinanderstehen. Dies wird vor allem relevant, wenn sich Normen widersprechen.

14 **a) Überblick und Rangfolge.** Die Rechtsquellen des Verwaltungsrechts lassen sich zunächst danach abgrenzen, ob sie dem Europäischen Unionsrecht, dem Bundesrecht oder dem Landesrecht zuzuordnen sind.

III. Einordnung und Quellen des Verwaltungsrechts

Im **Verhältnis des Unionsrechts zum deutschen Recht** gilt der Grundsatz des *Anwendungsvorrangs*. Das bedeutet, dass im Kollisionsfall (wenn sich zwei Normen widersprechen) der Rechtssatz der unteren Stufe – hier: des deutschen Rechts – bestehen bleibt, aber *nicht anwendbar* ist, solange die höherrangige Rechtsnorm (hier: des Unionsrechts) besteht. Innerhalb des Unionsrechts ist zu unterscheiden zwischen dem *primären Unionsrecht* (den Gründungsverträgen und ihren Folgeverträgen: dem Vertrag über die Europäische Union, EUV, sowie dem Vertrag über die Arbeitsweise in der Europäischen Union, AEUV) und dem *sekundären Unionsrecht* (den in den Mitgliedstaaten unmittelbar anwendbaren Verordnungen sowie den regelmäßig zunächst in nationales Recht umzusetzenden Richtlinien). **15**

Innerhalb des *deutschen* Rechts – also im **Verhältnis von Bundes- und Landesrecht** – gilt nach Art. 31 GG, dass Bundesrecht Landesrecht bricht. Damit ist ein **Geltungsvorrang** des *gesamten* Bundesrechts gegenüber dem *gesamten* Landesrecht angeordnet. Dieser Geltungsvorrang führt dazu, dass im Kollisionsfall die höherrangige Norm gilt und die niederrangige Norm ihre Geltung verliert, d. h. außer Kraft gesetzt wird. **16**

Innerhalb des Bundes- bzw. Landesrechts besteht wiederum jeweils eine Normenhierarchie, an deren Spitze die Verfassung steht (GG bzw. Landesverfassungen), gefolgt von den (formellen) Gesetzen, den Rechtsverordnungen und Satzungen. Auch insoweit besteht ein Geltungsvorrang der ranghöheren gegenüber der rangniedrigeren Norm (*lex superior derogat legi inferiori*). Im Überblick stellen sich der Rechtsquellen der Verwaltung wie folgt dar: **17**

Tab. 1: Rechtsquellen

Europäisches Unionsrecht	Primärrecht	Vertrag über die Europäische Union (EUV), Vertrag über die Arbeitsweise in der EU (AEUV)
	Sekundärrecht	z. B. Datenschutz-Grundverordnung (DSGVO)
Bundesrecht	Verfassung	Grundgesetz
	Bundesgesetz	z. B. Straßenverkehrsgesetz
	Rechtsverordnung	z. B. Straßenverkehrsordnung
	Satzung	z. B. der Bundesagentur für Arbeit
Landesrecht	Verfassung	Landesverfassung
	Landesgesetz	z. B. Landesbauordnung
	Rechtsverordnung	z. B. Beihilfeverordnung
	Satzung	z. B. Feuerwehrsatzung einer Gemeinde

18 Sofern zwei kollidierende Normen auf der **gleichen Ebene** der Normenhierarchie stehen, gilt der Grundsatz, dass die **speziellere** Norm der allgemeineren vorgeht (*lex specialis derogat legi generali*) bzw. die **spätere** Norm der früheren vorgeht (*lex posterior derogat legi priori*).

19 **b) Die (geschriebenen) Rechtsquellen des deutschen Rechts.** Die wichtigsten Rechtsquellen des Verwaltungsrechts sind heute Rechtsnormen, die aus einem förmlichen Verfahren hervorgegangen, schriftlich festgehalten und öffentlich bekanntgegeben worden sind (*geschriebene* Rechtsquellen). Zu dem heute nur noch selten relevanten Gewohnheitsrecht sowie zu den allgemeinen Grundsätzen des Verwaltungsrechts und dem Richterrecht vgl. *Maurer/Waldhoff*, § 4 Rn. 29 ff., 36 ff.

20 aa) **Verfassung.** An der Spitze der innerstaatlichen Normenhierarchie stehen jeweils die Verfassungen des Bundes (GG) und der Länder.

21 bb) **Formelle Gesetze.** Auf der zweiten Rangstufe folgen die *formellen Gesetze*. Dies sind Rechtsnormen, die von den verfassungsrechtlich vorgesehenen Gesetzgebungsorganen (Bundestag bzw. Landtag) in dem verfassungsrechtlich vorgesehenen Verfahren erlassen worden sind (*Parlamentsgesetze*). Als *materielle* Gesetze bezeichnet man demgegenüber alle Normen, die *inhaltlich* abstrakt-generelle Regelungen mit Außenwirkung beinhalten. *Abstrakt-generell* bedeutet, dass die Normen gegenüber jedermann und für eine Vielzahl von Fällen gelten (zur Abgrenzung von konkret-individuellen Handlungsformen der Verwaltung s. Rn. 84 ff.).

22 Formelle Gesetze sind *in der Regel auch materielle Gesetze*, d. h. sie beinhalten abstrakt-generelle Regelungen mit Außenwirkung (eine Ausnahme stellt z. B. die Feststellung des Haushaltsplans dar). Dagegen sind Rechtsverordnungen und Satzungen Gesetze im materiellen, aber nicht im formellen Sinn (da sie nicht vom Parlament in Gesetzesform erlassen wurden).

In der Verwaltungspraxis sind (insbesondere im Ausländerrecht) auch **völkerrechtliche Verträge** wie die *Genfer Flüchtlingskonvention* und die *Europäische Menschenrechtskonvention* von Bedeutung. Diese erlangen innerstaatliche Geltung durch Transformation in innerstaatliches Recht nach Art. 59 Abs. 2 GG. In der Normenhierarchie teilen sie daher den Rang des Ratifizierungsgesetzes, sind also auf derselben Stufe wie formelle Gesetze anzusiedeln.

cc) **Rechtsverordnungen.** Rechtsverordnungen sind *Gesetze im materiellen Sinn*; sie unterscheiden sich hinsichtlich ihrer Allgemeinverbindlichkeit nicht von Parlamentsgesetzen. Im Unterschied zu diesen werden sie aber von der *Exekutive* (Regierung, Minister, Verwaltungsbehörde) erlassen. Durch Rechtsverordnungen soll insbesondere die Regelung von Detailfragen auf die (oft sachnähere) Verwaltung übertragen werden.

23

Art. 80 Abs. 1 GG regelt die Voraussetzungen für diese Form der Rechtssetzung durch die Exekutive. Danach ist eine *gesetzliche Ermächtigung* zum Erlass der Rechtsverordnung erforderlich, die nach Inhalt, Ausmaß und Zweck bestimmt ist. Die Legislative muss alle wesentlichen Grundentscheidungen selbst treffen.

24

dd) **Satzungen.** Satzungen sind Rechtsvorschriften, die von einer *juristischen Person des öffentlichen Rechts* im Rahmen der ihr *gesetzlich verliehenen Autonomie* zur *Regelung ihrer Angelegenheiten* erlassen werden. Von Rechtsverordnungen unterscheiden sich Satzungen dadurch, dass sie nicht von staatlichen Exekutivorganen, sondern von rechtlich selbständigen, wenn auch dem Staat eingegliederten Organisationen erlassen werden (vgl. *Maurer/Waldhoff*, § 4 Rn. 24). Hierzu gehören vor allem Gemeinden, Landkreise, Universitäten, Ärztekammern oder Rundfunkanstalten.

25

c) **Verwaltungsvorschriften.** *Keine* Rechtsquellen sind nach heute überwiegender Auffassung Verwaltungsvorschriften. Dabei handelt es sich zwar ebenfalls um abstrakt-generelle Regelungen, die zunächst aber nur *verwaltungsintern* gelten. „Einfache" Verwaltungsvorschriften betreffen z. B. die Organisation und den Dienstbetrieb innerhalb einer Behörde. Oft werden Verwaltungsvorschriften aber auch erlassen, um eine einheitliche Gesetzesanwendung durch die Verwaltung sicherzustellen. Eine **mittelbare Außenwirkung** von Verwaltungsvorschriften kann dadurch entstehen, dass die Behörde, die sie anwendet, wegen des *Gleichheitssatzes nach Art. 3 Abs. 1 GG* gleich gelagerte Fälle nicht ohne sachlichen Grund unterschiedlich behandeln darf. Verwaltungsvorschriften können durch eine darauf beruhende tatsächliche Verwaltungspraxis daher zu einer *Selbstbindung der Verwaltung* führen. Dienen die Verwaltungsvorschriften der gleichmäßigen Gesetzesanwendung, kann unterschieden werden zwischen Verwaltungsvorschriften, die die Tatbestandsseite einer Norm betreffen – *norminterpretierende* und *normkonkretisierende* Verwaltungsvorschriften (Rn. 268) – und solchen, die die Rechtsfolgenseite betreffen – *ermessenslenkende* Verwaltungsvorschriften (Rn. 319 ff.).

26

IV. Öffentlich-rechtliches und privatrechtliches Handeln der Verwaltung

27 Die Verwaltung handelt *grundsätzlich öffentlich-rechtlich,* kann aber auch privatrechtlich tätig werden. Je nachdem, wie ihr Handeln einzuordnen ist, hat dies für den Bürger Konsequenzen insbesondere im Hinblick darauf, wie er gegen die Maßnahme gerichtlich vorgehen kann (vor dem Verwaltungsgericht bzw. dem Zivilgericht). So eröffnet § 40 Abs. 1 VwGO den Verwaltungsrechtsweg nur für *öffentlich-rechtliche* Streitigkeiten.

28 Ausschließlich privatrechtlich handelt der Staat etwa im Bereich der **Bedarfsverwaltung** (Bsp.: Anschaffung von Büromaterial, Anmietung von Gebäuden). Gleiches gilt für die **erwerbswirtschaftliche** Betätigung des Staates, durch die sich der Staat vergleichbar einem Unternehmer am Wirtschaftsleben beteiligt (Bsp.: kommunales Wohnungsbauunternehmen).

29 Die **unmittelbaren Verwaltungsaufgaben** erfüllt der Staat insbesondere im Bereich der „klassischen" hoheitlichen *Aufgaben* wie Ordnungs- und Abgabenverwaltung, aber auch in weiten Teilen der Leistungsverwaltung (soweit dies gesetzlich vorgeschrieben ist) auf der Grundlage der Normen des **öffentlichen Rechts**. Außerhalb des strikt hoheitlichen Aufgabenbereichs (z. B. bei der Wasserversorgung oder beim kommunalen Kindergarten) hat die Verwaltung ein *Wahlrecht,* die Verwaltungsaufgabe in öffentlich-rechtlicher oder privatrechtlicher Form zu erledigen. Eine Gemeinde kann also entscheiden, ob sie ein Wasserwerk in eigener Regie (öffentlich-rechtlich) oder in privatrechtlicher Organisationsform betreiben will (im letztgenannten Fall muss dann auch das Benutzungsverhältnis zum Bürger privatrechtlich ausgestaltet sein). Erledigt der Staat in diesen Bereichen öffentliche Aufgaben in privatrechtlicher Form, spricht man von **Verwaltungsprivatrecht**. Die Verwaltung bleibt auch in diesen Fällen aber *an die Grundrechte gebunden,* muss also beispielsweise den Gleichheitssatz nach Art. 3 Abs. 1 GG berücksichtigen („keine Flucht ins Privatrecht").

30 Ob ein Verwaltungshandeln dem öffentlichen Recht oder dem Privatrecht zuzuordnen ist, bestimmt sich regelmäßig durch **Zuordnung der zugrundeliegenden Rechtsvorschriften**. Meist bereitet diese Zuordnung keine größeren Schwierigkeiten. Für Zweifelsfälle wurden verschiedene Theorien zur Abgrenzung entwickelt:

- Nach der (auf dem römischen Recht beruhenden) *Interessentheorie* ist darauf abzustellen, ob die zugrunde liegende Norm dem öffentlichen oder privaten Interesse dient.
- Die *Subordinationstheorie* stellt darauf ab, dass das öffentliche Recht durch ein Über-/Unterordnungsverhältnis zwischen Staat und Bürger gekennzeichnet ist, das Privatrecht sich dagegen regelmäßig als Handeln auf gleicher Ebene darstellt (typischerweise: durch Vertrag).
- Nach der *modifizierten Subjektstheorie* (auch: *Sonderrechtstheorie*) ist zu prüfen, ob die zugrundeliegende Norm ausschließlich einen Träger der öffentlichen Gewalt berechtigt oder verpflichtet (dann ist sie dem öffentlichen Recht zuzuordnen), oder ob es sich um einen für jedermann geltenden Rechtssatz handelt (dann ist sie privatrechtlich).

Soweit auch Abgrenzungstheorien keine eindeutige Zuordnung ermöglichen – weil etwa sowohl öffentlich-rechtliche als auch privatrechtliche Rechtsgrundlagen in Betracht kommen (z. B. beim Hausverbot) – ist hilfsweise auf den *Sachzusammenhang* abzustellen, in dem das Verwaltungshandeln erfolgt (näher hierzu: *Sander/Schad*, in: Schweickhardt/Vondung/Zimmermann-Kreher, Rn. 48 ff.; zu zweistufigen Rechtsverhältnissen als Mischform Rn. 56).

31

2. Kapitel Verwaltungsorganisation

32 Die vielschichtigen Verwaltungsaufgaben werden in der Bundesrepublik Deutschland durch einen mit Personal und Sachmitteln umfänglich ausgestatteten Verwaltungsapparat erledigt. Die wesentlichen Grundstrukturen der für diesen Apparat maßgeblichen Verwaltungsorganisation werden im Folgenden skizziert.

I. Verwaltungsträger

33 Der Staat kann sehr unterschiedliche Rechtssubjekte als sog. Verwaltungsträger mit der Wahrnehmung von Verwaltungsaufgaben betrauen. Verwaltungsträger ist dabei der Rechtsträger, dem die Erfüllung von öffentlichen Aufgaben bzw. die Rechte und Pflichten der Verwaltung zuzurechnen sind. Insoweit ist zwischen der unmittelbaren und der mittelbaren Staatsverwaltung zu unterscheiden.

34 1. **Unmittelbare Staatsverwaltung.** Erfüllt der Staat, also Bund und Länder, Verwaltungsaufgaben selbst durch eigene Behörden, spricht man von sog. unmittelbarer Staatsverwaltung. Aufgrund des föderativen Staatsaufbaus ist dabei zwischen unmittelbarer Bundesverwaltung und unmittelbarer Landesverwaltung zu differenzieren. Verwaltungsträger sind in diesen Fällen Bund und Länder selbst.

35 2. **Mittelbare Staatsverwaltung.** Bund und Länder haben daneben auch die Möglichkeit, Verwaltungsaufgaben auf rechtlich selbständige Verwaltungsträger zu übertragen. Diese sog. mittelbare Staatsverwaltung erfolgt auf Bundes- wie auf Länderebene durch verselbständigte juristische Personen des öffentlichen Rechts in Form von Körperschaften, Anstalten und Stiftungen, die durch staatlichen Hoheitsakt gegründet werden. Ausnahmsweise kann auch eine natürliche oder juristische Person des Privatrechts im Fall der sog. Beleihung in die mittelbare Staatsverwaltung einbezogen werden.

a) Körperschaften. Körperschaften des öffentlichen Rechts sind **mitgliedschaftlich verfasste, aber unabhängig vom Wechsel ihrer Mitglieder** bestehende Organisationen, die öffentliche Aufgaben wahrnehmen. Je nach der Art der mitgliedschaftlichen Anknüpfung wird dabei zwischen *Gebietskörperschaften*, die sich durch ein bestimmtes Territorium definieren (wie insbes. Gemeinden), und *Personalkörperschaften*, die an eine spezielle Eigenschaft einer Person – insbesondere den Beruf – anknüpfen (z. B. Rechtsanwaltskammern), unterschieden. Des Weiteren existieren *Realkörperschaften*, die die Mitgliedschaft an Eigentum oder Besitz koppeln (z. B. Jagdgenossenschaften), und *Verbandskörperschaften* als Zusammenschluss mehrerer juristischer Personen des öffentlichen Rechts (wie kommunale Zweckverbände).

36

Eine Sonderstellung innerhalb der Körperschaften des öffentlichen Rechts nehmen die *Gemeinden* und *Landkreise* ein. Denn sie haben aufgrund ihres verfassungsrechtlich garantierten kommunalen Selbstverwaltungsrechts (Art. 28 Abs. 2 GG) einen umfassenden Aufgabenkreis inne. Für Gemeinden beinhaltet dies das Recht, alle Angelegenheiten der örtlichen Gemeinschaft in eigener Verantwortung regeln zu dürfen (Organisations-, Personal-, Gebiets-, Planungs- und Finanzhoheit). Zudem sind sie durch die unmittelbar gewählten Volksvertretungen (Gemeinderat, Kreistag) zu einer eigenen, demokratisch legitimierten Willensbildung fähig (vgl. auch Rn. 50).

37

b) Anstalten. Anstalten des öffentlichen Rechts sind **organisatorisch verselbständigte Zusammenfassungen von Personal- und Sachmitteln**, die einem besonderen öffentlichen Zweck dauerhaft zu dienen bestimmt sind. Sie erbringen bestimmte Leistungen und haben keine Mitglieder, sondern Nutzer. Beispiele hierfür sind etwa die öffentlich-rechtlichen Rundfunkanstalten oder auch Studierendenwerke.

38

c) Stiftungen. Stiftungen des öffentlichen Rechts sind rechtsfähige Organisationen, denen ein Stifter **Vermögenswerte für einen bestimmten öffentlichen Zweck übertragen** hat. Stiftungen haben weder Mitglieder noch Nutzer, sondern Nutznießer. Bekanntes Beispiel ist die Stiftung Preußischer Kulturbesitz, die den Zweck verfolgt, ehemals preußische Kulturgüter zu bewahren, zu pflegen und zu ergänzen (BGBl. I 1957, S. 841).

39

d) Beliehene. Neben den juristischen Personen des öffentlichen Rechts kann der Staat Verwaltungsaufgaben ausnahmsweise auch auf sog. Beliehene übertragen. Beliehene sind **natürliche oder juristische Personen des Privatrechts, denen durch oder aufgrund eines Gesetzes einzelne hoheitliche Aufgaben zur Wahrnehmung im eigenen Namen übertragen** worden sind. Wie alle Verwal-

40

tungsträger erfüllen auch sie die ihnen übertragenen Verwaltungsaufgaben unter Inanspruchnahme der öffentlich-rechtlichen Handlungsformen (insbes. durch Erlass von Verwaltungsakten) rechtlich selbständig und eigenverantwortlich. Beliehene sind etwa die Sachverständigen von TÜV und DEKRA für die KFZ-Überprüfung (§ 29 Abs. 2 Satz 2 StVZO) oder – in Bezug auf bestimmte Aufgabenbereiche – auch Bezirksschornsteinfeger (§ 8 Abs. 2 Satz 2 Hs. 1 SchfHwG), Notare (§ 1 BNotO), Luftfahrzeugführer (§ 12 Abs. 1 LuftSiG) u. a. (vertiefend hierzu *Erbguth/Guckelberger*, § 6 Rn. 22).

41 Vom Beliehenen sind die sog. **Verwaltungshelfer** abzugrenzen. Diese handeln nicht selbständig, sondern nehmen bloß untergeordnete Hilfstätigkeiten im Auftrag und nach Weisung einer Behörde wahr. Sie haben keine eigene Entscheidungskompetenz und erscheinen gleichsam als „Werkzeug" oder „verlängerter Arm" der Behörde. Das Handeln von Verwaltungshelfern wird dem beauftragenden Verwaltungsträger unmittelbar zugerechnet. Klassisches Beispiel einer Verwaltungshilfe ist das Abschleppen eines verkehrswidrig geparkten Fahrzeugs durch ein privates Abschleppunternehmen im Auftrag der Polizei. Näher dazu *Maurer/Waldhoff*, § 23 Rn. 61.

Abb. 3: Verwaltungsträger

Praktische Bedeutung kommt der Bestimmung des Verwaltungsträgers insbesondere im Verwaltungsprozessrecht zu. Denn Klagegegner in einem verwaltungsgerichtlichen Verfahren ist nach dem Rechtsträgerprinzip grundsätzlich der Verwaltungsträger, dessen Bediensteter bzw. dessen Behörde tätig geworden ist.

3. Interne Organisation der Verwaltungsträger. Verwaltungsträger sind zwar rechtsfähig, d. h. sie sind selbst Träger von Rechten und Pflichten, sie sind jedoch – abgesehen von dem seltenen Fall, dass eine natürliche Person als Beliehener handelt – nicht handlungsfähig. Sie handeln deshalb durch ihre **Organe** (etwa im Fall der Gemeinde durch die beiden Organe: Gemeindevertretung und Bürgermeister). Diejenigen natürlichen Personen, die die den Organen zugewiesenen Zuständigkeiten wahrnehmen, werden als sog. **Organwalter** bezeichnet (z. B. der konkret gewählte Bürgermeister B). Nimmt ein Verwaltungsträger die ihm zugewiesenen Verwaltungsaufgaben nicht durch eigene, sondern durch Organe eines anderen Verwaltungsträgers wahr, spricht man von **Organleihe**. Dies erfolgt in zahlreichen Bundesländern auf Landkreisebene, wenn der Landrat einerseits als Organ des Landkreises und andererseits zugleich auch als entliehene staatliche Verwaltungsbehörde fungiert und damit für das Land tätig wird (vertiefend hierzu *Maurer/Waldhoff*, § 21 Rn. 19 ff., insbes. 54 ff.). **42**

Unter einer **Behörde im verwaltungsorganisationsrechtlichen Sinn** werden all jene Organe eines Verwaltungsträgers verstanden, die zur Wahrnehmung öffentlicher Aufgaben mit Außenwirkung berechtigt sind (wovon der Begriff der Behörde im verwaltungsverfahrensrechtlichen Sinn zu unterscheiden ist, vgl. dazu Rn. 99). Behörden sind regelmäßig in Abteilungen und diese wiederum in Referate bzw. Dezernate untergliedert. Die kleinste organinterne Einheit bildet das **Amt** als der auf einen einzelnen **Amtswalter** zugeschnittene Aufgabenkreis. **43**

II. Verwaltungsaufbau

Der Aufbau der Verwaltung innerhalb der Bundesrepublik Deutschland unterscheidet sich zwischen Bund und Ländern. Da die Verwaltungstätigkeit nach Art. 30, 83 ff. GG weitgehend bei den Ländern liegt, ist die Bundesverwaltung deutlich schwächer ausgebaut als die Landesverwaltung. **44**

1. Aufbau der Bundesverwaltung. Im Bereich der **unmittelbaren Bundesverwaltung** sind insbesondere zwei Arten von Behörden zu unterscheiden. Dies sind zum einen die *obersten Bundesbehörden* an der Spitze der bundeseigenen Verwaltung (insbes. Bundesregierung, Bundeskanzler und Bundesminister), zum anderen die *Bundesoberbehörden* als die den verschiedenen Bundesministerien nachgeordneten Behörden, die mit fachlich abgrenzbaren Verwaltungsauf- **45**

gaben betraut sind und diese für das gesamte Bundesgebiet wahrnehmen (z. B. Bundeskriminalamt, Bundesamt für Migration und Flüchtlinge, Kraftfahrt-Bundesamt). Ein darüber hinausgehender mehrstufiger, meist dreistufiger Verwaltungsaufbau des Bundes besteht nur für gewisse Sachbereiche (vgl. Art. 87 Abs. 1, 87b GG). Darüber hinaus werden Aufgaben der Bundesverwaltung auch im Wege der **mittelbaren Bundesverwaltung** durch sog. bundesunmittelbare Körperschaften, Anstalten und Stiftungen des öffentlichen Rechts, wie etwa die Bundesanstalt für Finanzdienstleistungen (BaFin) oder die Bundesrechtsanwaltskammer, oder auch durch Beliehene wahrgenommen.

46 **2. Aufbau der Landesverwaltungen.** Die Organisation der Landesverwaltung ist durch Landesrecht zum Teil recht unterschiedlich geregelt. Im Bereich der **unmittelbaren Landesverwaltung** sind die Behörden der *allgemeinen Landesverwaltung* aufgrund des – im Vergleich zur Bundesebene – größeren Aufgabenumfangs regelmäßig mehrstufig ausgestaltet. In den größeren Flächenländern ist der Aufbau dreistufig, in den kleineren Flächenländern zweistufig; daneben bestehen (hier nicht näher darstellbare) Besonderheiten in den Stadtstaaten. Der dreistufige Verwaltungsaufbau der allgemeinen Landesverwaltung stellt sich dabei wie folgt dar:

47 Die **Oberstufe** bilden die für das gesamte Landesgebiet zuständigen obersten Landesbehörden, insbesondere die Landesregierung, der Ministerpräsident und die Landesministerien. Auf der **Mittelstufe** stehen – je nach Land mit unterschiedlicher Bezeichnung – die Regierungspräsidien, Bezirksregierungen oder Regierungen, die örtlich nur für einen Teil des Landesgebiets zuständig sind. Zur **Unterstufe** gehören insbesondere die Landratsämter/Landräte. Zudem treten auf der unteren Behördenebene auch die kreisfreien Städte oder sonstigen große Städte (Große Kreisstädte o. ä.) hinzu, so dass es zu einer Verzahnung mit der kommunalen Ebene kommt (vgl. hierzu näher *Maurer/Waldhoff*, § 22 Rn. 21 ff.). In den kleineren Flächenländern wird auf die Mittelstufe verzichtet.

48 Neben diesem mehrstufigen Aufbau an allgemeinen Verwaltungsbehörden existieren auch auf Landesebene auf allen Ebenen sog. *Sonderbehörden* für spezifische Verwaltungsaufgaben (z. B. das Landesamt für Verfassungsschutz auf oberster Ebene, die Forstdirektionen auf der Mittelstufe oder die Finanzämter auf der unteren Ebene).

Zur **mittelbaren Landesverwaltung** gehören all jene verselbständigte juristische **49** Personen des öffentlichen Rechts (Körperschaften, Anstalten, Stiftungen) sowie Beliehene, die Aufgaben der Landesverwaltung wahrnehmen und der Landesaufsicht unterliegen.

Eine besondere Rolle im Rahmen der Landesverwaltung nehmen die **mit** **50** **Selbstverwaltungsrecht versehenen Körperschaften des öffentlichen Rechts**, mithin die Gemeinden und Landkreise, ein (vgl. Rn. 37). Neben der Wahrnehmung von Aufgaben des eigenen Wirkungskreises (Selbstverwaltungsangelegenheiten) sind diesen auch staatliche Aufgaben übertragen (Auftragsangelegenheiten). Vertiefend hierzu *Maurer/Waldhoff*, § 23 Rn. 13 ff.

III. Staatsaufsicht

Das Handeln von Behörden unterliegt nicht nur der (externen) gerichtlichen **51** Kontrollmöglichkeit, sondern ist zugleich auch Gegenstand (interner) staatlicher Aufsicht. Diese ist durch Aufsichts- und Weisungsbefugnisse der übergeordneten Behörde gegenüber den jeweils nachgeordneten Stellen gekennzeichnet. Es ist zwischen drei Arten der Aufsicht zu unterscheiden: der Dienstaufsicht, der Fachaufsicht und der Rechtsaufsicht.

Die **Dienstaufsicht** erstreckt sich auf die innere Ordnung und Geschäftsfüh- **52** rung der Behörden und hat insbesondere Personalentscheidungen sowie die Verteilung von Sachmitteln zum Gegenstand. Die **Fachaufsicht** betrifft die Kontrolle der Recht- und Zweckmäßigkeit des Verwaltungshandelns. Sie ist der Regelfall innerhalb des hierarchischen Verwaltungsaufbaus. Die **Rechtsaufsicht** ist auf die Kontrolle der Rechtmäßigkeit des Verwaltungshandelns beschränkt und findet insbesondere gegenüber den Trägern der mittelbaren Staatsverwaltung Anwendung, soweit diese keine staatlichen Aufgaben, sondern Selbstverwaltungsangelegenheiten wahrnehmen. Näher hierzu *Erbguth/ Guckelberger*, § 6 Rn. 24 ff.

3. Kapitel Grundsätze und Grundbegriffe des Verwaltungsrechts

53 Das Handeln der öffentlichen Verwaltung wird durch unterschiedliche rechtliche Prinzipien und Maßstäbe bestimmt. Die für die Entscheidungsfindung der Verwaltung besonders zentralen Grundsätze und Grundbegrifflichkeiten werden nachfolgend in Kürze dargestellt.

I. Grundsatz der Gesetzmäßigkeit der Verwaltung

54 Essenzieller Handlungsmaßstab der öffentlichen Verwaltung ist der Grundsatz der Gesetzmäßigkeit der Verwaltung, der in Art. 20 Abs. 3 GG verankert und Kernbestandteil unseres Rechtsstaats ist. Hiernach ist die Verwaltung bei ihrem Handeln an Gesetz und Recht gebunden. Der Grundsatz der Gesetzmäßigkeit der Verwaltung ist durch zwei Ausprägungsformen gekennzeichnet: den Grundsatz vom Vorrang des Gesetzes sowie den Grundsatz vom Vorbehalt des Gesetzes.

55 **1. Vorrang des Gesetzes.** Nach dem Grundsatz vom Vorrang des Gesetzes darf die Verwaltung keine Maßnahmen treffen, die einer bestehenden Rechtsnorm widersprechen („**kein Handeln gegen das Gesetz**"). Der Grundsatz verpflichtet die Verwaltung mithin zu gesetzeskonformem Handeln. Er gilt ausnahmslos für sämtliche Tätigkeitsfelder der Verwaltung.

56 **2. Vorbehalt des Gesetzes.** Nach dem Grundsatz vom Vorbehalt des Gesetzes darf die Verwaltung nur tätig werden, wenn sie zum Handeln durch Gesetz ermächtigt ist („**kein Handeln ohne Gesetz**"). Er verlangt für die Verwaltungstätigkeit mithin eine gesetzliche Grundlage, eine sog. Ermächtigungsgrundlage. Der Grundsatz vom Vorbehalt des Gesetzes gilt uneingeschränkt für den gesamten Bereich der Eingriffsverwaltung. Darüber hinaus gilt der Vorbehalt des Gesetzes nach der sog. „Wesentlichkeitstheorie" des Bundesverfassungsgerichts auch für alle Entscheidungen, die als wesentlich anzusehen sind (st. Rspr., vgl. etwa BVerfGE 49, 89 [126]; BVerfGE 95, 267 [307]). Dies sind alle Entscheidungen, die für die Verwirklichung von Grundrechten oder für Staat und Gesellschaft von erheblicher Bedeutung sind; sie müssen vom parlamentarischen Gesetzgeber selbst geregelt werden. Der Vorbehalt des Gesetzes gilt nicht nur im klassischen Bürger-Staat-Verhältnis, sondern auch in Sonderrechtsverhältnissen, in denen der Bürger in einem besonderen Verhältnis zum Staat steht (wie etwa im Beamten-, Schüler-, Studenten-, Soldaten- oder auch im Strafgefangenenverhältnis). Vertiefend und differenzierend zum Vorbehalt des Gesetzes *Erbguth/Guckelberger*, § 8 Rn. 3 ff.

> Im Einzelnen kann die Festlegung, ob eine Entscheidung in diesem Sinne als wesentlich anzusehen ist oder nicht, schwierig sein. In der Klausur ist in solchen Fällen entscheidend, dass Sie die Wesentlichkeitstheorie als Abgrenzungskriterium herausarbeiten und sodann eine fundierte Argumentation anhand der geschilderten Umstände des Einzelfalls vornehmen.
> Bejaht wurde die Wesentlichkeit und damit das Erfordernis einer gesetzlichen Grundlage z. B. bei der Konkretisierung des Existenzminimums für ein menschenwürdiges Dasein (BVerfGE 125, 175 [222 f.]), der Einführung der reformierten Oberstufe (BVerfGE 45, 400 [417 ff.]) oder des Sexualkundeunterrichts in der Schule (BVerfGE 47, 46 [78 ff.]). Als nicht wesentlich eingestuft wurde demgegenüber etwa die Rechtschreibreform (BVerfGE 98, 218 [250 ff.]); sie konnte mithin durch schlichtes Verwaltungshandeln eingeführt werden.

Umstritten ist die Reichweite des Vorbehalts des Gesetzes insbesondere im Bereich der Subventionsgewährung. Die h. M. lehnt das Erfordernis einer gesetzlichen Ermächtigungsgrundlage ab und lässt eine Bereitstellung der zu verteilenden Mittel im Haushaltsplan genügen. Näher hierzu *Erbguth/Guckelberger*, § 8 Rn. 9 f.

57

II. Verhältnismäßigkeitsgrundsatz

Der vorgenannte rechtsstaatsprägende Grundsatz der Gesetzmäßigkeit der Verwaltung bindet die öffentliche Verwaltung an Recht und Gesetz (Art. 20 Abs. 3 GG). Dazu gehören insbesondere auch die Grundrechte und das übrige Verfassungsrecht. Das Verwaltungshandeln ist damit zugleich einem weiteren besonders zentralen Grundsatz von Verfassungsrang unterworfen: dem Grundsatz der Verhältnismäßigkeit.

58

59 Der Grundsatz der Verhältnismäßigkeit verlangt, dass staatliches Handeln nachteilig Betroffene nicht übermäßig belasten darf. Er wird daher mitunter auch als Übermaßverbot bezeichnet. Um dem Verhältnismäßigkeitsgrundsatz zu genügen, müssen alle belastenden staatlichen Maßnahmen **zur Verfolgung eines legitimen Zwecks geeignet, erforderlich und angemessen** sein. Zu den Einzelheiten sowie zu Einbettung in den Prüfungsaufbau wird auf Rn. 301 ff. verwiesen.

60 Aus dem Verfassungsrecht sind neben dem Verhältnismäßigkeitsgrundsatz und dem Grundsatz der Gesetzmäßigkeit der Verwaltung noch weitere wichtige Handlungsmaßstäbe für das Verwaltungshandeln ableitbar. So muss die öffentliche Verwaltung bei ihrer Tätigkeit insbesondere auch den **Gleichbehandlungsgrundsatz** sowie den **Grundsatz des Vertrauensschutzes** beachten. Näher hierzu sowie zu weiteren wichtigen Handlungsgrundsätzen der Verwaltung vgl. *Detterbeck*, § 6 Rn. 226 ff.

III. Entscheidungsspielräume der Verwaltung

61 Wie bereits dargelegt, ist die Verwaltung nach Art. 20 Abs. 3 GG an Gesetz und Recht gebunden. Ihre Aufgabe ist es, die in den Gesetzen enthaltenen abstrakt-generellen Regelungen auf konkrete Lebenssachverhalte anzuwenden. Dabei müssen die Gesetze Lösungen für unterschiedlichste Einzelfälle ermöglichen. Um dies bei der Normanwendung zu gewährleisten, sind in verwaltungsrechtlichen Normen vielfach Entscheidungs- und Gestaltungsspielräume für die öffentliche Verwaltung angelegt. Dies erfolgt durch die Verwendung unbestimmter Rechtsbegriffe, durch bestehende Beurteilungsspielräume sowie durch die Einräumung von Ermessen.

62 Während **unbestimmte Rechtsbegriffe und Beurteilungsspielräume** die gesetzlichen Voraussetzungen für die Anwendung einer Rechtsnorm betreffen, mithin die sog. **Tatbestandsseite** einer Norm, bezieht sich das **Ermessen** auf die von der Regelung vorgesehene Rechtsfolgen, die sog. **Rechtsfolgenseite** der Norm.

III. Entscheidungsspielräume der Verwaltung

Rechtsnormen sind regelmäßig zweigliedrig konditional gefasst. Sie bestehen aus **Tatbestand** und **Rechtsfolge**. Wenn die Tatbestandsvoraussetzungen der Norm erfüllt sind, dann tritt die gesetzlich vorgesehene Rechtsfolge ein („Wenn-Dann"-Schema).

Beispiel: 63
§ 15 Abs. 1 VersG (bitte lesen): Wenn nach den zur Zeit des Erlasses der Verfügung erkennbaren Umständen die öffentliche Sicherheit oder Ordnung bei Durchführung der Versammlung oder des Aufzugs unmittelbar gefährdet ist (Tatbestandsseite), dann kann die zuständige Behörde die Versammlung oder den Aufzug verbieten oder von bestimmten Auflagen abhängig machen (Rechtsfolgenseite).

Entscheidungsspielräume der Verwaltung können mithin sowohl auf Tatbestands-, als auch auf Rechtsfolgenseite angesiedelt sein. 64

1. Unbestimmte Rechtsbegriffe und Beurteilungsspielräume. Die Tatbestandsvoraussetzungen für die Anwendung einer Rechtsnorm sind in Gesetzen sprachlich unterschiedlich präzise gefasst. Während ihr Inhalt zum Teil vom Gesetzgeber eindeutig und klar bestimmt ist, finden sich mitunter in den Gesetzen auch unbestimmte Begrifflichkeiten, die als sog. **unbestimmte Rechtsbegriffe** bezeichnet werden. Hierbei handelt es sich um Rechtsbegriffe, deren Sinngehalt nicht ohne Weiteres erkennbar ist und die einer näheren Konkretisierung im Einzelfall durch die Behörde bedürfen. Dies eröffnet der Behörde einen Spielraum bei der Beurteilung des jeweiligen Lebenssachverhalts. Beispiele hierfür sind etwa Begriffe wie „(Un)Zuverlässigkeit" (im Gewerbe- und Waffenrecht), „Gefahr für die öffentliche Sicherheit und Ordnung" (im Ordnungsrecht) oder etwa auch der Begriff der „Verunstaltung" (im Bauordnungsrecht der Länder). 65

Um den Bedeutungsgehalt unbestimmter Rechtsbegriffe zu erfassen, müssen diese Begriffe zunächst **ausgelegt** werden, bevor sie sodann auf einen konkreten Lebenssachverhalt angewendet werden können (vgl. hierzu näher Rn. 264). Ob eine Behörde einen unbestimmten Rechtsbegriff im Einzelfall richtig ausgelegt und angewendet hat, ist nach inzwischen ganz h. M. durch die Verwaltungsgerichte **grundsätzlich voll gerichtlich überprüfbar** (vgl. m. w. N. *Brenndörfer/Trockels*, in: Schweickhardt/Vondung/Zimmermann-Kreher, Rn. 162 ff.). 66

19

3. Kapitel Grundsätze und Grundbegriffe des Verwaltungsrechts

67 Eine Ausnahme von der vollständigen gerichtlichen Überprüfbarkeit besteht lediglich dann, wenn der Verwaltung ein **Beurteilungsspielraum** eingeräumt ist. Dies ist insbesondere dann der Fall, wenn von der Behörde abschließende eigene inhaltliche Wertentscheidungen vorzunehmen sind. Von der Rechtsprechung anerkannt sind behördliche Beurteilungsspielräume insbesondere bei Prüfungsentscheidungen und prüfungsähnlichen Entscheidungen, beamtenrechtlichen Beurteilungen, Prognose- und Risikoentscheidungen v. a. in den Bereichen des Umwelt- und Wirtschaftsrechts und auch bei bestimmten sonstigen höchstpersönlichen Akten wertender Erkenntnis. Hier ist die nachträgliche gerichtliche Kontrolle der Verwaltungsentscheidung eingeschränkt und insbesondere darauf begrenzt, ob die Behörde ein ordnungsgemäßes Verfahren durchgeführt hat, sie ihrer Entscheidung einen zutreffenden oder vollständig ermittelten Sachverhalt zugrunde gelegt hat, keine sachfremden Erwägungen herangezogen wurden, die Behörde keine allgemein anerkannten Beurteilungsmaßstäbe missachtet hat und die Grundsätze der Chancengleichheit gewahrt worden sind. Vertiefend hierzu m. w. N. *Maurer/Waldhoff*, § 7 Rn. 26 ff.

68 2. **Ermessen**. Weitere besonders bedeutsame Entscheidungsspielräume hat die Verwaltung, wenn eine Rechtsnorm die vorgesehene Rechtsfolge in das Ermessen der Behörde stellt. Behördliches Ermessen ist immer dann gegeben, wenn die Rechtsfolge im Gesetz nicht im Sinne einer zwingenden Entscheidung vorgeschrieben wird (sog. gebundene Entscheidungen), sondern wenn das Gesetz der Verwaltung eine Auswahlmöglichkeit zwischen verschiedenen Handlungsalternativen auf Rechtsfolgenseite lässt. Meist lässt sich dies schon aus dem Wortlaut der Norm erkennen, indem darin ausgeführt ist, dass die Behörde etwas tun „kann" oder „darf", der Rechtsfolge aber nicht – wie bei gebundenen Entscheidungen – nachkommen „muss" bzw. diese vorzusehen „hat". Nähere Ausführungen zum Erkennen von Ermessensentscheidungen und zu den verschiedenen Arten des Ermessens sind in Kapitel 5 (Rn. 282 ff.) dargestellt.

69 Durch die Einräumung von Ermessen ermöglicht der Gesetzgeber der Verwaltung eigenverantwortlich angemessene und sachgerechte Entscheidungen für konkrete Lebenssachverhalte zu treffen. Das Ermessen dient daher allem voran der Einzelfallgerechtigkeit. Bei der Ausübung von Ermessen ist die Behörde jedoch keinesfalls völlig frei. Vielmehr gibt § 40 VwVfG vor, dass die Behörde *„ihr Ermessen entsprechend dem Zweck der Ermächtigung auszuüben und die gesetzlichen Grenzen des Ermessens einzuhalten"* hat. Tut sie dies nicht, so liegt ein Ermessensfehler vor, der die behördliche Entscheidung rechtswidrig macht.

III. Entscheidungsspielräume der Verwaltung

Die gerichtliche Kontrolle ist im Fall von Ermessenentscheidungen gem. § 114 Satz 1 VwGO auf das Vorliegen von Ermessensfehlern beschränkt.

Die fehlerfreie Ausübung von Ermessen bzw. die Überprüfung von ergangenen Ermessens-Verwaltungsakten auf Ermessensfehler ist regelmäßig eine der zentralen Herausforderungen in der behördlichen Praxis sowie in verwaltungsrechtlichen Prüfungsaufgaben. Dieser Themenbereich wird daher in Kapitel 5 vertiefend dargestellt, worauf für weitere Einzelheiten verwiesen wird.

70

Tab. 2: Gestaltungsspielräume der Verwaltung und ihre Verortung

Unterscheidung	Tatbestandsseite ↓ Unbestimmte Rechtsbegriffe	Rechtsfolgenseite ↓ Ermessen
Bedeutung	Rechtsbegriffe, die in besonderem Maß der Auslegung und Konkretisierung bedürfen (z. B. „Unzuverlässigkeit", „schädliche Umwelteinwirkungen", „Gefahr für die öffentliche Sicherheit und Ordnung").	Wahlmöglichkeit zwischen verschiedenen Rechtsfolgen; Ermessensausübung muss gem. § 40 VwVfG entsprechend dem Zweck der Ermächtigungsnorm und innerhalb der gesetzlichen Grenzen des Ermessens erfolgen.
Verwaltungsgerichtliche Kontrolle	**Grundsatz:** Volle gerichtliche Kontrolle **Ausnahme:** Bestehen von **Beurteilungsspielräumen** Zentrale **Fallgruppen** sind insbes.: • Prüfungs- u. prüfungsähnliche Entscheidungen • beamtenrechtliche Beurteilungen • Prognose- u. Risikoentscheidungen • sonstige höchstpersönliche Akte wertender Erkenntnis → **eingeschränkte gerichtliche Kontrolldichte.**	Eingeschränkte gerichtliche Kontrolle auf Ermessensfehler, § 114 Satz 1 VwGO

IV. Subjektiv-öffentliche Rechte

71 Von zentraler Bedeutung für das öffentliche Recht im Allgemeinen und das Verwaltungsrecht im Besonderen ist ferner der Begriff des sog. subjektiv-öffentlichen Rechts, der das Verhältnis zwischen Bürger und Staat entscheidend prägt.

72 1. **Unterscheidung zwischen objektivem und subjektivem Recht.** In der deutschen Rechtsordnung wird zwischen objektivem und subjektivem Recht unterschieden. Das **objektive Recht** umfasst die **Gesamtheit aller geschriebenen und ungeschriebenen Rechtssätze**; es statuiert Regelungen und auch Rechtspflichten, die von den Adressaten zu beachten sind. **Subjektive Rechte** kennzeichnen sich demgegenüber dadurch, dass sie nicht nur objektive Rechtspflichten beinhalten, sondern auch hierauf gerichtete **individuelle Ansprüche bzw. Rechtspositionen verleihen**. Für die Verwaltungspraxis von besonderer Bedeutung sind subjektiv-öffentliche Rechte, die dem Bürger Ansprüche gegenüber dem Staat einräumen. Sie stellen einen Ausschnitt aus der Gesamtheit des objektiven Rechts dar (vgl. *Erbguth/Guckelberger*, § 9 Rn. 1).

73 2. **Begriff und Bedeutung des subjektiv-öffentlichen Rechts.** Auch wenn die Verwaltung gem. Art. 20 Abs. 3 GG an Recht und Gesetz gebunden und mithin zu deren Einhaltung verpflichtet ist, kann der Bürger die Einhaltung der objektiven Rechtsordnung von der Verwaltung nur verlangen, wenn ihm ein entsprechendes subjektiv-öffentliches Recht zusteht. Das subjektiv-öffentliche Recht bezeichnet nach herkömmlichem Begriffsverständnis die einem Einzelnen durch eine Rechtsnorm verliehene Rechtsmacht, vom Staat ein bestimmtes Tun, Dulden oder Unterlassen verlangen zu können (vertiefend hierzu *Maurer/Waldhoff*, § 8 Rn. 1 ff.).

74 Die konkrete praktische Bedeutung der subjektiv-öffentlichen Rechte liegt darin, dass diese bei Bedarf auch mittels verwaltungsprozessualer Rechtsbehelfe (insbes. Widerspruch und Klage) durchgesetzt werden können. Das deutsche Rechtsschutzsystem im Bereich des Verwaltungsrechts ist durch das Prinzip des Individualrechtsschutzes geprägt. Danach ist es für den Erfolg eines Rechtsbehelfs regelmäßig erforderlich, dass eine Verletzung in eigenen, d. h. subjektiv-öffentlichen Rechten vorliegt, was insbesondere durch § 42 Abs. 2 VwGO und §§ 113 Abs. 1 Satz 1, Abs. 5 Satz 1 VwGO zum Ausdruck kommt („*[...] in seinen Rechten verletzt [...]*"). Vertiefend hierzu *Erbguth/Guckelberger*, § 9 Rn. 10 ff.

IV. Subjektiv-öffentliche Rechte

3. Voraussetzungen für das Vorliegen eines subjektiv-öffentlichen Rechts. Die Feststellung, ob eine Rechtsnorm ein subjektiv-öffentliches Recht vermittelt, bereitet keine Schwierigkeiten, wenn sich die Norm hierzu ausdrücklich verhält. So vermitteln unzweifelhaft all jene Rechtsnormen subjektiv-öffentliche Rechte, die dem Bürger explizit einen Anspruch gegenüber dem Staat einräumen. **75**

> **Beispiel:** **76**
> § 1 Abs. 1 Satz 1 Informationsfreiheitsgesetz: „Jeder hat nach Maßgabe dieses Gesetzes gegenüber den Behörden des Bundes einen Anspruch auf Zugang zu amtlichen Informationen."

Andere Vorschriften schließen dies ausdrücklich aus. **77**

> **Beispiel:** **78**
> § 1 Abs. 3 Satz 2 Baugesetzbuch: „Auf die Aufstellung von Bauleitplänen und städtebaulichen Sanierungen besteht kein Anspruch; ein Anspruch kann auch nicht durch Vertrag begründet werden."

Sofern dem Gesetz keine derart expliziten Aussagen zu entnehmen sind, ist das Vorliegen eines subjektiv-öffentlichen Rechts nach h. M. nach der sog. **Schutznormtheorie** zu bestimmen. Danach liegt ein subjektiv-öffentliches Recht vor, wenn die zwischen Bürger und Verwaltung in Streit stehende **Norm nicht nur dem öffentlichen Interesse, sondern zumindest auch dem Schutz des Einzelnen zu dienen bestimmt ist.** Ob dies der Fall ist, muss regelmäßig im Wege der **Auslegung** der Norm ermittelt werden. Hier hilft mitunter der Wortlaut der Norm, wenn aus diesem eine individuelle Schutzrichtung erkennbar ist (wenn etwa ausdrücklich die „Nachbarschaft" oder die Beachtung „nachbarlicher Interessen" in Bezug genommen wird, z. B. in § 31 Abs. 2 BauGB). Andernfalls muss mit Hilfe der üblichen Auslegungsmethoden der Schutzzweck der jeweiligen Norm ermittelt werden, um zu beurteilen, ob diese überhaupt und ggf. welche Individualinteressen schützen soll. Zu prüfen ist mithin, **79**
- ob die in Rede stehende Vorschrift des objektiven Rechts zumindest auch dem Schutz von Individualinteressen zu dienen bestimmt ist und
- ob die sich auf die Norm konkret berufende Personen auch in den Schutzbereich der jeweiligen Norm einbezogen ist.

Vertiefend hierzu *Erbguth/Guckelberger*, § 9 Rn. 3 ff.

Zentrale praktische Bedeutung hat die Bestimmung subjektiv-öffentlicher Rechte vor allem in **mehrpoligen Rechtsverhältnissen**, wenn es also nicht nur **80** um die Beziehung zwischen einem Bürger und der Verwaltung geht, sondern wenn auch Dritte involviert sind. Das prominenteste Beispiel hierfür ist der Bereich des Nachbarschutzes im öffentlichen Baurecht, aber auch in anderen Bereichen des besonderen Verwaltungsrechts (z. B. im Gewerbe- oder auch Subventionsrecht) hat die Ermittlung subjektiv-öffentlicher Rechtspositionen eine große Relevanz.

81 Beispiel:
So kann sich etwa ein Angrenzer in Bezug auf ein Bauvorhaben auf dem Nachbargrundstück darauf berufen, dass die bauordnungsrechtlichen Abstandsregeln mit Blick auf die an sein Grundstück angrenzende Grundstücksseite nicht eingehalten werden. Denn die Vorschriften über die Abstandsflächen dienen nach ihrem Sinn und Zweck jedenfalls auch dem Schutz von Individualinteressen der unmittelbaren Angrenzer (primär dem Recht auf ausreichende Belichtung, Belüftung und Besonnung) und haben mithin subjektiv-öffentlichen Charakter. Anders wäre dies zu beurteilen, wenn der Angrenzer eine unzureichende Anzahl notwendiger Stellplätze auf dem Nachbargrundstück rügen würde. Denn die bauordnungsrechtliche Pflicht zur Herstellung notwendiger Stellplätze dient dem öffentlichen Interesse an der Entlastung der öffentlichen Verkehrsflächen vom ruhenden Verkehr und nicht dem Nachbarschutz. Sie stellt mithin eine rein objektive Rechtsvorschrift dar, auf die sich der Nachbar nicht berufen kann (vgl. m. w. N. *Stollmann/Beaucamp*, § 20 Rn. 11 ff., § 21 Rn. 20).

In der praktischen Fallbearbeitung ist immer zunächst im einschlägigen einfachen Gesetzesrecht nach subjektiv-öffentlichen Rechten zu suchen. Nur wenn dieses keine subjektiv-öffentlichen Rechte gewährt, ist ein Rückgriff auf Grundrechte gestattet.

82 Zu der weitergehenden Frage, wann der Bürger einen Anspruch auf behördliches Einschreiten bei Ermessensvorschriften hat, vgl. näher unten Rn. 328 ff. Ein weiterer Grundbegriff des Verwaltungsrechts, der eng mit der Rechtsfigur des subjektiv-öffentlichen Rechts verbunden ist, ist der Begriff des **Verwaltungsrechtsverhältnisses**; vertiefend hierzu *Peine/Siegel*, Rn. 251 ff.

4. Kapitel Handlungsformen der Verwaltung

Der Verwaltung stehen verschiedene Handlungsformen zur Erfüllung ihrer Aufgaben zur Verfügung, die sich in ihren Voraussetzungen und rechtlichen Wirkungen unterscheiden. Sofern für die Aufgabenwahrnehmung der Verwaltung keine bestimmte Handlungsform gesetzlich vorgeschrieben ist, kann die Behörde unter den verschiedenen Instrumenten auswählen. **83**

I. Überblick über die Handlungsformen

Wie eingangs kennengelernt, kann die Verwaltung sowohl öffentlich-rechtlich als auch privatrechtlich handeln (vgl. Rn. 27 ff.). Vorliegend steht das **öffentlich-rechtliche Handeln** der Verwaltung mit seinen Handlungsformen im Fokus. Dabei ist – ausgehend von der rechtlichen Qualität – zu unterscheiden zwischen **Rechtsakten**, die auf das unmittelbare Setzen verbindlicher Rechtsfolgen gerichtet sind, und **schlicht hoheitlichem Verwaltungshandeln**, den sog. **Realakten**. Das schlicht hoheitliche Verwaltungshandeln ist nicht auf die Herbeiführung einer Rechtsfolge, sondern das Erreichen eines tatsächlichen Erfolges gerichtet. Hierzu gehören tatsächliche Verrichtungen (z. B. Fahrten mit einem Dienstfahrzeug, Auszahlung von Geldbeträgen, Bau eines Verwaltungsgebäudes) und Wissenserklärungen (z. B. behördliche Auskünfte, Hinweise, Warnungen). Auch das informelle Verwaltungshandeln in Form von unverbindlichen Absprachen, formlosen Verständigungen und kooperativem Vorgehen ist grundsätzlich dem Kreis der Realakte zuzuordnen (ausführlich zum schlicht hoheitlichen Verwaltungshandeln und seinen Erscheinungsformen *Erbguth/ Guckelberger*, § 23 Rn. 1 ff.). **84**

Im Zentrum des öffentlich-rechtlichen Handelns der Verwaltung stehen deren **Rechtsakte**. Insoweit muss differenziert werden zwischen Rechtshandlungen, die das **Außenverhältnis** gegenüber dem Bürger oder sonstigen außenstehenden Rechtspersonen betreffen, und Rechtshandlungen, die ausschließlich im **Innenverhältnis**, d. h. verwaltungsintern wirken. Rechtshandlungen der Verwaltung im Innenverhältnis sind Verwaltungsvorschriften als abstrakt-generelle Regelungen (vgl. unter Rn. 26) und konkret wirkende Einzelweisungen. **85**

86 Rechtshandlungen im **Außenverhältnis** umfassen zum einen die abstrakt-generell wirkende Rechtssetzung der öffentlichen Hand durch Rechtsverordnungen und Satzungen (vgl. unter Rn. 23 ff.). Zum anderen, sofern es um die Regelung konkreter Lebenssachverhalte geht, stehen der Verwaltung die Handlungsformen des Verwaltungsaktes oder des öffentlich-rechtlichen Vertrages zur Verfügung. Der Verwaltungsakt als einseitig verbindliche Regelung ist die wichtigste Handlungsform der Verwaltung. Der öffentlich-rechtliche Vertrag als zweiseitige vertragliche Handlungsform bietet daneben die Möglichkeit zu einer mitunter flexibleren Regelung öffentlich-rechtlicher Rechtsverhältnisse. Sowohl der Verwaltungsakt als auch der öffentlich-rechtliche Vertrag werden nachfolgend näher dargestellt.

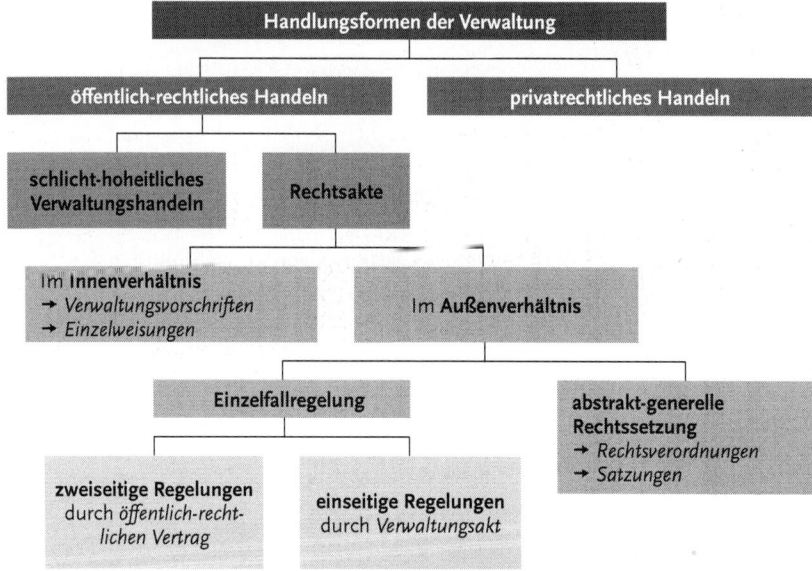

Abb. 4: Handlungsformen der Verwaltung

87 Als weiteres öffentlich-rechtliches Handlungsinstrumentarium der Verwaltung wird mitunter auch der **Plan** angeführt. Plan und Planung sind Oberbegriffe für ganz unterschiedliche, zukunftsgerichtete rechtliche Handlungsformen, die in der Regel bestimmte Ziele festlegen und Maßnahmen zur Zielerreichung vorsehen und die je nach Erscheinungsart in unterschiedlichen Rechtsformen ausgestaltet sein können (vertiefend hierzu *Maurer/Waldhoff*, § 16).

II. Verwaltungsakt

Der Verwaltungsakt ist das klassische Handlungsinstrument des deutschen Verwaltungsrechts und nach wie vor die am häufigsten genutzte Handlungsform der Verwaltung. **88**

1. **Bedeutung der Einordnung als Verwaltungsakt.** Die Einordnung einer behördlichen Maßnahme als Verwaltungsakt hat erhebliche rechtliche Bedeutung: **89**

- **Materiell-rechtliche Bedeutung:** Durch den Erlass eines Verwaltungsaktes werden die in Rechtsnormen enthaltenen abstrakt-generellen Regelungen auf einen konkreten Lebenssachverhalt umgesetzt (sog. *Konkretisierungsfunktion*). **90**

- **Verfahrensrechtliche Bedeutung:** Der Erlass eines Verwaltungsakts bringt ein Verwaltungsverfahren zum Abschluss (§ 9 VwVfG). Für das Verwaltungsverfahren finden die Verfahrensgrundsätze der §§ 9 ff. VwVfG (insbesondere zu Anhörung, Akteneinsicht, Ausschluss und Befangenheit u. ä.) Anwendung (sog. *Verfahrensfunktion*). **91**

- **Vollstreckungsrechtliche Bedeutung:** Sofern der Verwaltungsakt einen vollstreckbaren Inhalt hat, ist er selbst – ohne vorherige Einholung einer gerichtlichen Entscheidung (anders als im Privatrecht) – taugliche Vollstreckungsgrundlage (sog. *Titelfunktion*). **92**

- **Prozessrechtliche Bedeutung:** Auch wenn das Vorliegen eines Verwaltungsakts nicht Voraussetzung für den verwaltungsgerichtlichen Rechtsschutz ist, so hat die Qualifikation einer behördlichen Maßnahme als Verwaltungsakt verfahrensbestimmende Wirkung. Denn die Anwendbarkeit zentraler verwaltungsprozessualer Vorschriften, wie insbesondere die über das Vorverfahren (§ 68 VwGO), die Anfechtungs- und Verpflichtungsklage (§ 42 Abs. 1 VwGO) oder auch die aufschiebende Wirkung von Rechtsbehelfen (§§ 80 ff VwGO), knüpfen an das Vorliegen eines Verwaltungsaktes an (sog. *Rechtsschutzfunktion*). **93**

- **Bestandskraft und ihre Bedeutung:** Greift der Adressat die in einem wirksamen Verwaltungsakt enthaltene konkretisierte Verhaltensaufforderung nicht innerhalb der vorgesehenen Fristen mit Rechtsbehelfen an oder bleiben diese erfolglos, wird der Verwaltungsakt bestandskräftig und kann so nur noch in engen Grenzen abgeändert werden. Dies gilt unabhängig davon, ob der Verwaltungsakt rechtmäßig oder rechtswidrig ist (sog. *Bestandskraftfunktion*). **94**

95 **2. Begriffsmerkmale.** Der Begriff des Verwaltungsaktes ist in § 35 Satz 1 VwVfG legal definiert. Danach ist ein Verwaltungsakt *„jede Verfügung, Entscheidung oder andere hoheitliche Maßnahme, die eine Behörde zur Regelung eines Einzelfalls auf dem Gebiet des öffentlichen Rechts trifft und die auf unmittelbare Rechtswirkung nach außen gerichtet ist".* Ein Verwaltungsakt kennzeichnet sich mithin durch folgende Merkmale:

96 a) **Hoheitliche Maßnahme.** Nach § 35 Satz 1 VwVfG muss zunächst eine „Verfügung, Entscheidung oder *andere hoheitliche Maßnahme*" vorliegen. Unter einer **Maßnahme** wird jedes zweckgerichtete Verhalten mit Erklärungscharakter verstanden (unerheblich, ob dieses schriftlich, mündlich, konkludent oder in automatisierter Form erfolgt). Nicht darunter zu fassen sind rein ungewollte Auswirkungen oder tatsächliches Handeln ohne Erklärungsgehalt.

97 > **Beispiel:**
> Das reflexartige Heben des Armes eines Verkehrspolizisten bei einem Sturz hat keinen Erklärungsgehalt; anders ist dies, wenn der Polizeibeamte zur Regelung der Verkehrslage ein Handzeichen vornimmt (Verhalten mit konkludentem Erklärungscharakter).

98 **Hoheitlich** ist die Maßnahme, wenn sie einseitig verbindlich im Über-/Unterordnungsverhältnis ergeht. Hierdurch wird der Verwaltungsakt vom öffentlich-rechtlichen Vertrag als zweiseitiger Vereinbarung abgegrenzt.

99 b) **Behörde.** Bei einem Verwaltungsakt muss es sich darüber hinaus um eine hoheitliche Maßnahme einer Behörde handeln. Nach dem weiten funktionellen Behördenbegriff des VwVfG ist Behörde *„jede Stelle, die Aufgaben der öffentlichen Verwaltung wahrnimmt"* (§ 1 Abs. 4 VwVfG). Die Behördeneigenschaft richtet sich demnach ausschließlich danach, ob die Stelle inhaltlich Verwaltungstätigkeiten ausübt; nicht entscheidend ist hingegen, ob die Stelle organisatorisch in den staatlichen Verwaltungsapparat eingegliedert ist. Daher sind auch **Beliehene** als Behörde in diesem Sinne anzusehen. Denn auch wenn sie natürliche oder juristische Personen des Privatrechts sind, wurden ihnen durch oder aufgrund eines Gesetzes bestimmte hoheitliche Verwaltungsaufgaben übertragen, die sie selbständig ausführen (z. B. TÜV-Sachverständige). Nicht als Behörde zu qualifizieren sind hingegen die sog. **Verwaltungshelfer,** die lediglich im Auftrag und nach Weisung der Verwaltung handeln und deren Handeln der Behörde zugerechnet wird (z. B. das private Abschleppunternehmen, das im Auftrag der Polizei ein verkehrswidrig geparktes Fahrzeug beseitigt), vgl. näher hierzu auch Rn. 41. Auch sonstige Handlungen von Privatpersonen wie auch Maßnahmen der Legislative und Judikative (soweit es sich nicht um dortige originäre Verwaltungstätigkeit handelt) sind durch das Merkmal „Behörde" vom Instrument des Verwaltungsakts ausgeschlossen.

c) Auf dem Gebiet des öffentlichen Rechts. Verwaltungsakte können nur solche behördlichen Maßnahmen sein, die auf dem Gebiet des öffentlichen Rechts ergehen. Dies erfordert, dass die **Rechtsgrundlage** für das behördliche Handeln als **öffentlich-rechtlich** einzustufen sein muss (nach der herrschenden sog. **modifizierten Subjektstheorie**, vgl. Rn. 30). **100**

d) Regelung. Die hoheitliche Maßnahme einer Behörde auf dem Gebiet des öffentlichen Rechts muss ferner Regelungscharakter haben. Dies ist dann anzunehmen, wenn die Maßnahme auf die **Herbeiführung einer verbindlichen Rechtsfolge** gerichtet ist, d. h. wenn durch die Maßnahme Rechte des Betroffenen unmittelbar begründet, geändert, aufgehoben, mit bindender Wirkung festgestellt oder verneint werden (z. B. durch Ge- oder Verbote, Rechtsgewährungen, Rechtsgestaltungen, Versagungen, Feststellungen). Ob eine behördliche Maßnahme auf die Herbeiführung einer derart verbindlichen Rechtsfolge gerichtet ist, ist in Zweifelsfällen durch Auslegung nach dem objektiven Empfängerhorizont (§§ 133, 157 BGB analog) zu bestimmen. **101**

Das Merkmal der Regelung dient allem voran der **Abgrenzung** von rein tatsächlichen Verwaltungshandlungen, den sog. **Realakten**, die nicht auf die Herbeiführung einer Rechtsfolge, sondern einen tatsächlichen Erfolg gerichtet sind (vgl. hierzu Rn. 84). **102**

Am Regelungscharakter einer Maßnahme fehlt es darüber hinaus auch bei sog. **unselbständigen Vorbereitungshandlungen und Teilakten**, die lediglich der Vorbereitung für den Erlass eines späteren Verwaltungsaktes dienen, selbst aber noch keine abschließende Regelung enthalten. **103**

> **Beispiele:** **104**
> Eine unselbständige Vorbereitungshandlung ist etwa die Ladung zu einer Prüfung. Als unselbständige Teilakte werden regelmäßig auch die Einzelbewertungen von Klassenarbeiten oder Einzelklausuren sowie Einzelnoten eines Abschlusszeugnisses angesehen (sofern sie nicht als Einzelnote ausnahmsweise bedeutsam sind); näher hierzu *Detterbeck*, § 10 Rn. 453 m. w. N. Kein eigenständiger Verwaltungsakt ist nach h. M. auch die Anordnung an einen Fahrerlaubnisinhaber, zur Klärung von Eignungszweifeln gem. § 11 FeV

> ein ärztliches oder medizinisch-psychologisches Gutachten beizubringen, um etwa eine Entscheidung über die Entziehung der Fahrerlaubnis vorzubereiten (§ 46 Abs. 1, 3 FeV i. V. m. § 11 Abs. 2 und 3 FeV). Der anfechtbare Verwaltungsakt ist erst die abschließende Entscheidung über die Entziehung der Fahrerlaubnis (vgl. m. w. N. *Mann/Sennekamp/Uechtritz*, § 35 VwVfG Rn. 81).

105 Keinen Regelungsgehalt haben auch sog. **wiederholende Verfügungen**, bei denen ein weiterer Bescheid mit demselben Inhalt wie der Erstbescheid übermittelt wird und die auf die bereits ergangene Regelung lediglich hinweisen oder diese ohne erneute Sachprüfung wiederholen. Abzugrenzen sind diese wiederholenden Verfügungen von sog. **Zweitbescheiden**, bei denen eine erneute Sach- und Rechtsprüfung stattfindet und es auf dieser Grundlage zu einer neuen Entscheidung kommt. Derartige Zweitbescheide stellen, auch wenn sie inhaltlich mit dem vorangegangenen Verwaltungsakt übereinstimmen mögen, selbständige Verwaltungsakt dar. Von Bedeutung ist diese Abgrenzung insbesondere im Rahmen des Wiederaufgreifens eines bestandskräftig abgeschlossenen Verwaltungsverfahrens (näher hierzu Rn. 480 ff.).

106 Ebenfalls keine Verwaltungsakte sind **rechtserhebliche Willenserklärungen** einer Behörde, die keinen anordnenden Charakter aufweisen (z. B. Fristsetzungen oder Stundungen von Forderungen).

107 **e) Einzelfall.** Damit eine behördliche Maßnahme als Verwaltungsakt qualifiziert werden kann, muss es sich zudem um eine Regelung eines Einzelfalls handeln. Durch dieses Merkmal wird der Verwaltungsakt von den abstrakt-generellen Rechtsnormen der Verwaltung in Form von Rechtsverordnungen und Satzungen abgegrenzt, die eine unbestimmte Vielzahl von Fällen und Personen betreffen.

108 Um einen Einzelfall i. S. v. **§ 35 Satz 1 VwVfG** handelt es sich allen voran bei **konkret-individuellen** Regelungen, die sich auf einen bestimmten Lebenssachverhalt (konkret) beziehen und an einen bestimmten, d. h. objektiv feststehenden, Adressaten (individuell) gerichtet sind (z. B. die dem Gastwirt G gegenüber ausgesprochene Rücknahme seiner Gaststättenerlaubnis). Doch auch **abstrakt-individuelle** Regelungen, die auf eine Vielzahl von Fällen (abstrakt), aber an einen bestimmten Adressaten (individuell) gerichtet sind, werden als Einzelfallregelungen und damit Verwaltungsakte eingestuft (z. B. die Anordnung an den Eigentümer E, jeweils bei Glatteis den Gehweg vor seinem Grundstück zu streuen).

II. Verwaltungsakt

Konkret-generelle Regelungen, die sich auf einen bestimmten Lebenssachverhalt, aber eine unbestimmte Vielzahl von Adressaten beziehen, sind zwar keine klassischen Einzelfallregelungen i. S. v. § 35 Satz 1 VwVfG; sie sind aber **Allgemeinverfügungen i. S. v. § 35 Satz 2 VwVfG** und werden danach ebenfalls als Verwaltungsakte qualifiziert. Eine Allgemeinverfügung ist danach *„ein Verwaltungsakt, der sich an einen nach allgemeinen Merkmalen bestimmten oder bestimmbaren Personenkreis richtet oder die öffentlich-rechtliche Eigenschaft einer Sache oder ihre Benutzung durch die Allgemeinheit betrifft"*. Es müssen mithin auch bei einer Allgemeinverfügung alle Voraussetzungen des § 35 Satz 1 VwVfG sowie eine der Fallgruppen des § 35 Satz 2 VwVfG vorliegen (näher hierzu *Maurer/Waldhoff*, § 9 Rn. 30 ff.).

109

📖 → Übersicht Vertiefung Allgemeinverfügung

Auch wenn eine Allgemeinverfügung nach § 35 Satz 2 VwVfG ebenfalls als Verwaltungsakt zu qualifizieren ist, ergeben sich für diese einige **verfahrensrechtliche Besonderheiten**, so insbesondere in § 28 Abs. 2 Nr. 4 VwVfG – Ausnahmemöglichkeit von der Anhörungspflicht, § 41 Abs. 3 Satz 2 VwVfG – Möglichkeit der öffentlichen Bekanntmachung, § 39 Abs. 2 Nr. 5 VwVfG – Ausnahmemöglichkeit von der Begründungspflicht.

Zur Abgrenzung der verschiedenen Erscheinungsformen an Verwaltungsakten von den Rechtsnormen der Verwaltung hat sich folgende Darstellung bewährt:

110

Tab. 3: Abgrenzung Verwaltungsakt/Rechtsnorm

Sachverhalt \ Adressatenkreis	**Individuell** (d. h. an einen bestimmten – objektiv feststehenden – Adressaten gerichtet)	**Generell** (d. h. an eine unbestimmte Vielzahl von Adressaten gerichtet)
konkret (d. h. auf einen bestimmten Sachverhalt bezogen)	Verwaltungsakt i. S. v. § 35 Satz 1 VwVfG	Verwaltungsakt in Form der **Allgemeinverfügung** gem. § 35 Satz 2 VwVfG
abstrakt (d. h. auf eine Vielzahl von Sachverhalten bezogen)	Verwaltungsakt i. S. v. § 35 Satz 1 VwVfG	**Rechtsnorm** der Verwaltung in Form der Rechtsverordnung oder Satzung

111 f) **Außenwirkung.** Ein Verwaltungsakt muss schließlich Außenwirkung haben. Dies erfordert, dass die Maßnahme nach ihrem objektiven Sinngehalt dazu bestimmt sein muss, eine **unmittelbare Rechtsfolge gegenüber einer außerhalb der Verwaltung** stehenden natürlichen oder juristischen Person auszulösen. Es scheiden mithin all jene Maßnahmen aus dem Begriff des Verwaltungsaktes aus, deren unmittelbare Rechtswirkungen sich auf den Innenbereich der Verwaltung beschränken.

112 Besondere praktische Relevanz hat insoweit die Abgrenzung zu **innerdienstlichen Weisungen** oder sonstigen verwaltungsinternen Maßnahmen, die ein Vorgesetzter gegenüber nachgeordneten Bediensteten trifft. Sofern die Maßnahme den Beamten ausschließlich in seiner Funktion als Amtswalter, mithin in seiner *Amtsstellung*, tangiert (z. B. im Fall einer fachlichen Einzelweisung), handelt es sich um eine klassische innerdienstliche Weisung, der keine Außenwirkung und mithin keine Verwaltungsaktqualität zukommt. Wird der Beamte durch eine Maßnahme jedoch in seiner *persönlichen Rechtsstellung* als selbständige Rechtsperson berührt (wie z. B. im Fall der Beamtenernennung, der Beförderung oder auch der Versetzung an eine andere Behörde), ist der Beamte außerhalb des Verwaltungsbereichs betroffen, so dass derartige Anordnungen als Verwaltungsakte zu qualifizieren sind. Näher dazu *Erbguth/Guckelberger*, § 12 Rn. 25 ff.

> Diese für das Beamtenverhältnis entwickelten Maßstäbe zur Abgrenzung von verwaltungsinternen Dienstanweisungen und Verwaltungsakten können auf andere **verwaltungsrechtliche Sonderbeziehungen**, in denen Personen in einer besonders engen Beziehung zum Staat stehen, übertragen werden. Hierzu gehören insbesondere das Schul-, Hochschul-, Soldaten- und auch das Strafgefangenenverhältnis. Dabei wurde und wird z. T. zwischen Maßnahmen, die das sog. **Grundverhältnis** betreffen (und damit wegen Außenwirkung als Verwaltungsakt zu qualifizieren sind) und solche, die sich ausschließlich auf das sog. **Betriebsverhältnis** beziehen (und mithin mangels Außenwirkung keine Verwaltungsakte darstellen), unterschieden. Ausführlich hierzu *Knauff*, in: Schoch/Schneider, § 35 Rn. 128 ff.

113 Auch Mitwirkungshandlungen anderer Behörden im Rahmen sog. **mehrstufiger Verwaltungsakte** sind in der Regel rein verwaltungsinterne Maßnahmen gegenüber der den Verwaltungsakt erlassenden Behörde. Mehrstufige Verwaltungsakte sind solche, bei denen eine oder mehrere andere Behörden im Vorfeld beteiligt werden.

II. Verwaltungsakt

114

Beispiel:

Fall: Bauherr B beantragt eine Baugenehmigung für ein Bauvorhaben im unbeplanten Innenbereich nach § 34 BauGB. Das Landratsamt als zuständige Baurechtsbehörde legt den Antrag der Gemeinde G, in deren Gebiet das Baugrundstück liegt, zur Erteilung des Einvernehmens nach § 36 BauGB vor. Die Gemeinde verweigert die Erteilung des Einvernehmens. Das Landratsamt lehnt daraufhin unter Berufung auf das verweigerte Einvernehmen der Gemeinde die Baugenehmigung ab. Da B die Weigerung der Gemeinde für rechtswidrig hält, will er wissen, gegen wen er rechtlich vorgehen kann.

Lösung: Die Erteilung der Baugenehmigung stellt im vorliegenden Fall, in dem es um die Zulässigkeit eines Bauvorhabens nach § 34 BauGB geht, einen mitwirkungsbedürftigen Verwaltungsakt dar. Denn nach § 36 Abs. 1 Satz 1 BauGB darf die Baugenehmigungsbehörde die Baugenehmigung in diesen Fällen nur „im Einvernehmen mit der Gemeinde" erteilen. Die Entscheidung der Gemeinde über die Erteilung des Einvernehmens stellt dabei eine rein verwaltungsinterne Beteiligungsform dar. Erst die aufgrund des versagten Einvernehmens von der Baurechtsbehörde ausgesprochene Ablehnung der Baugenehmigung entfaltet unmittelbare Außenwirkung gegenüber dem Bürger und ist daher als Verwaltungsakt zu qualifizieren. Bauherr B hat daher nicht gegen die Gemeinde G auf Erteilung des Einvernehmens, sondern gegen das Landratsamt als Baurechtsbehörde auf Erteilung der Baugenehmigung mit Rechtsbehelfen vorzugehen. Im Rahmen dieses Rechtsbehelfsverfahrens wird inzident auch über die Rechtmäßigkeit der Verweigerung des Einvernehmens entschieden. Vgl. vertiefend hierzu *Maurer/ Waldhoff,* § 9 Rn. 29

In **vielen** verwaltungsrechtlichen **Klausuren** ist das **Vorliegen eines Verwaltungsaktes unproblematisch** und kann mit einem kurzen Verweis darauf, dass es sich vorliegend um einen Verwaltungsakt i. S. d. § 35 VwVfG handelt, abgearbeitet werden. Nur in problematischen Abgrenzungsfällen sind die vorstehend genannten Merkmale in einer Klausur näher zu thematisieren (zumeist sind dann die Merkmale der Regelung, des Einzelfalls oder der Außenwirkung problembehaftet).

Bei der Einordnung einer Maßnahme als Verwaltungsakt kann häufig auch die **äußere Erscheinungsform** des behördlichen Handelns einbezogen werden. **115**

Sofern eine schriftliche Maßnahme aus Sicht eines objektiven Betrachters den Eindruck eines Verwaltungsakts hervorruft (insbes. durch die Bezeichnung als „Bescheid", „Verfügung", „Anordnung" o. ä. und/oder auch den Aufbau des Schreibens sowie die Beifügung einer Rechtsbehelfsbelehrung), kann auch darauf abgestellt werden.

116 Die Begriffsmerkmale des Verwaltungsaktes und die jeweiligen Abgrenzungsfragen sind in der nachfolgend aufgeführten Übersicht im Download-Bereich nochmals abschließend zusammengefasst.

📥 → Merkmale des Verwaltungsaktes und wesentliche Abgrenzungen

117 **3. Kategorisierung von Verwaltungsakten.** Die zahlreichen verschiedenen Erscheinungsformen von Verwaltungsakten können unterschiedlich systematisiert werden. Zu den üblichen und praxisrelevanten Klassifizierungen gehören insbesondere folgende Unterscheidungen:

118 **a) Unterscheidung nach dem Regelungsinhalt.** Ausgehend vom materiellen Regelungsinhalt des Verwaltungsaktes kann zwischen **befehlenden Verwaltungsakten**, die Ge- oder Verbote enthalten (z. B. dem Erlass einer Abbruchverfügung), **rechtsgestaltenden Verwaltungsakten**, die ein konkretes Rechtsverhältnis begründen, verändern oder beseitigen (z. B. der Erteilung einer Aufenthaltserlaubnis) und **feststellenden Verwaltungsakten**, die lediglich die Rechtslage verbindlich feststellen (z. B. der Feststellung des Besoldungsdienstalters) unterschieden werden. Für die behördliche Praxis ist diese Unterscheidung insofern von Bedeutung, als dass nur befehlende Verwaltungsakte auch gegen den Willen des Adressaten im Wege der Verwaltungsvollstreckung zwangsweise durchgesetzt werden können (vgl. hierzu 8. Kapitel).

119 **b) Unterscheidung nach der Wirkung.** Anknüpfend an die Wirkung des Verwaltungsakts ist zwischen **begünstigenden Verwaltungsakten**, die ein Recht oder einen rechtlich erheblichen Vorteil begründen oder bestätigen (z. B. der Erteilung einer Gaststättenerlaubnis), und **belastenden Verwaltungsakten**, deren Regelungen sich für den betroffenen Adressaten als nachteilig erweisen (z. B. der Entziehung der Fahrerlaubnis), zu differenzieren. Daneben existieren sog. **Verwaltungsakte mit Doppelwirkung (belastender Drittwirkung)**, die nicht nur für den Adressaten, sondern auch für Dritte rechtliche Auswirkungen haben (z. B. die Erteilung einer Baugenehmigung, die den Bauherrn begünstigt, aber zugleich den Nachbarn belasten kann). Praktische Bedeutung hat diese Unterscheidung allem voran für die Bestimmung der statthaften Rechtsschutzmöglichkeiten (der Widerspruchs- und Klageart sowie der Form eines etwaigen vorläufigen Rechtsschutzes).

c) Unterscheidung nach der Art der Beteiligung. Nach der Art der Beteilung am Verwaltungsakt kann zudem unterschieden werden zwischen den klassischen **einseitigen Verwaltungsakten**, die alleinig von der zuständigen Behörde erlassen werden, den **mitwirkungsbedürftigen Verwaltungsakten**, die von der Mitwirkung des Betroffenen abhängen (z. B. im Fall der Beamtenernennung, die die vorbehaltlose Zustimmung des Bewerbers – i. d. R. konkludent durch Entgegennahme der Ernennungsurkunde – erfordern) und den sog. **mehrstufigen Verwaltungsakten**, bei deren Erlass neben der Entscheidungsbehörde noch eine oder mehrere Mitwirkungsbehörde(n) einbezogen wird bzw. werden (so etwa im Fall des Erfordernisses des kommunalen Einvernehmens nach § 36 BauGB).

4. Besondere behördliche Erklärungsformen. Neben dem klassischen Verwaltungsakt existieren einige weitere besondere behördliche Erklärungsformen. Bekannt sein sollten insbesondere:

a) Zusage und Zusicherung. Die – gesetzlich nicht geregelte – **Zusage** ist eine hoheitliche Selbstverpflichtung mit Bindungswillen zu einem späteren Tun oder Unterlassen (BVerwGE 26, 31, 36). Es handelt sich mithin um ein verbindliches Versprechen einer Behörde zu einem bestimmten künftigen Entscheidungsverhalten.

Die in § 38 VwVfG gesetzlich verankerte **Zusicherung** ist ein Unterfall der Zusage, denn es handelt sich um die von einer Behörde erteilte Selbstverpflichtung, einen bestimmten Verwaltungsakt später zu erlassen oder zu unterlassen. Eine Zusicherung ist nur wirksam, wenn sie von der **zuständigen Behörde** in **schriftlicher Form** abgegeben wird (§ 38 Abs. 1 Satz 1 VwVfG).

> Während sich das behördliche Versprechen bei der **Zusage** auf **jedwedes** spätere **behördliche Verhalten** beziehen kann, wird mit einer **Zusicherung** der Erlass oder Nichterlass eines **Verwaltungsaktes** versprochen.

> **Beispiel:**
> Das Versprechen einer Behörde, einen bestimmten Baum zu fällen (Realakt), stellt eine Zusage dar. Das behördliche Versprechen, für ein Bauvorhaben eine Baugenehmigung zu erteilen (Verwaltungsakt), ist als Zusicherung zu qualifizieren.

4. Kapitel   Handlungsformen der Verwaltung

125 Die Frage, ob Zusage und Zusicherung ihrer Rechtsnatur nach selbst Verwaltungsakte darstellen, ist umstritten. In Bezug auf die Zusicherung wird dies insbesondere unter Verweis darauf, dass eine Zusicherung einen Anspruch auf einen künftigen Verwaltungsakt begründet und damit eine Regelung beinhaltet, von der h. M. (insbes. der Rspr., BVerwG, NVwZ 1987, 46; VGH BW NVwZ 1991, 79) bejaht. Jedenfalls für den besonders praxisrelevanten Fall der Zusicherung hat dieser Streit insoweit an Bedeutung verloren, als dass nach § 38 Abs. 2 VwVfG die Vorschriften über die Bestandskraft von Verwaltungsakten entsprechende Anwendung finden, allerdings nur unter dem Vorbehalt einer gleichbleibenden Sach- und Rechtslage (§ 38 Abs. 3 VwVfG). Vertiefend hierzu *Erbguth/Guckelberger*, § 12 Rn. 46 ff.

Rechtsfolge einer wirksamen Zusage/Zusicherung ist, dass der Begünstigte einen Anspruch auf das zugesagte Verwaltungsverhalten hat. Wird dieser Anspruch nicht erfüllt, kann der Begünstigte Leistungs-/Verpflichtungsklage erheben und sich dabei als Anspruchsgrundlage auf die Zusage/Zusicherung stützen.

Zusagen sind insbesondere von bloßen behördlichen **Auskünften** abzugrenzen, die rein informative Mitteilungen über tatsächliche Umstände oder rechtliche Verhältnisse darstellen. Entscheidendes Abgrenzungskriterium ist der **behördliche Selbstbindungswille**, der bei Auskünften fehlt. Ob ein solcher Selbstbindungswille vorliegt, ist durch Auslegung der behördlichen Erklärung nach dem objektiven Empfängerhorizont (§§ 133, 157 BGB analog) zu ermitteln.

126 **b) Vorbescheid.** Mittels Vorbescheides kann die Behörde abschließend und verbindlich über einzelne Genehmigungs- oder Zulässigkeitsvoraussetzungen größerer Projekte, insbesondere bei Bauvorhaben oder sonstigen Anlagen, entscheiden. Der Vorbescheid ist als vorweggenommener Teil einer späteren Gesamtentscheidung selbst ein Verwaltungsakt. Praxisrelevantes Beispiel ist der sog. Bauvorbescheid, der in allen Landesbauordnungen verankert ist (z. B. § 57 LBO BW, § 77 BauO NRW) und mit dem ein Bauherr einzelne Fragen zur Zulässigkeit seines Bauvorhabens rechtsverbindlich klären kann, um so schon vor der Bauantragstellung Planungs- und Investitionssicherheit zu erlangen.

127 **c) Teilgenehmigung.** In Abgrenzung zum Vorbescheid ist die Teilgenehmigung eine Endentscheidung. Sie entscheidet nicht über einzelne Zulässigkeits- bzw. Genehmigungsfragen eines Vorhabens, sondern über einen sachlich abgegrenzten Teil des Gesamtvorhabens. Auch sie ist ein eigenständiger Verwaltungsakt. Als Beispiel kann eine Teilbaugenehmigung für den Aushub einer Baugrube genannt werden (z. B. § 61 LBO BW, § 76 BauO NRW), die insoweit – anders als ein (Bau-)Vorbescheid – auch eine Baufreigabe vermittelt.

Zu weiteren besonderen Erscheinungsformen, insbesondere dem *vorläufigen* sowie dem *vorsorglichen Verwaltungsakt* vgl. *Maurer/Waldhoff*, § 9 Rn. 66 ff. **128**

5. Exkurs: Vollständig automatisierter Erlass von Verwaltungsakten. Seit Anfang 2017 existiert auf Bundesebene die Vorschrift des § **35a VwVfG**, der zunehmend Parallelvorschriften in den Landesverfahrensgesetzen folgen (sofern nicht ohnehin dynamisch auf das VwVfG verwiesen wird). Durch diese Neuregelung wird seither ausdrücklich der vollständig automatisierte Erlass von Verwaltungsakten gestattet. Ein solcher liegt vor, wenn in allen Verfahrensschritten eine personelle Bearbeitung fehlt, mithin der Verwaltungsakt ohne menschliches Zutun allein durch technische Einrichtungen erlassen wird. Die Befugnis zum vollautomatisierten Erlass von Verwaltungsakten soll der Verfahrensbeschleunigung und Kostenreduzierung dienen und kann sich vor allem bei einfach strukturierten Massenverfahren anbieten. **129**

Zulässig ist der vollständig automatisierte Erlass von Verwaltungsakten ausweislich des § 35a VwVfG nur unter den strengen Anforderungen, dass dies einerseits ausdrücklich **durch Rechtsvorschrift zugelassen** ist und andererseits **weder ein Ermessen noch ein Beurteilungsspielraum** besteht. Hinter letzterer Voraussetzung steht die Erkenntnis, dass die Ausübung von Ermessen ebenso wie die Konkretisierung von Beurteilungsspielräumen stets dem Einzelfall Rechnung tragende individuelle Wertungen erfordern, die elektronisch – jedenfalls bislang – nicht substituiert werden können. Vertiefend zu § 35a VwVfG vgl. *Hornung*, in: Schoch/Schneider, § 35a VwVfG Rn. 1 ff. **130**

Auf verfahrensrechtlicher Seite ist § 35a VwVfG durch einen neuen § **24 Abs. 1 Satz 3 VwVfG** ergänzt worden. Dieser stellt in Anbetracht der unverändert fortbestehenden behördlichen Pflicht zur umfassenden Sachverhaltsermittlung sicher, dass auch bei vollautomatisierten Verfahren etwaige für den Einzelfall bedeutsame tatsächliche Angaben eines Beteiligten berücksichtigt werden. In diesem Fall muss das automatisierte Verfahren ausgesteuert und in eine individuelle Entscheidung eines Amtswalters überführt werden. **131**

Auf vollständig automatisierte Verwaltungsakte finden im Übrigen die Vorschriften über Verwaltungsakte Anwendung. § 41 Abs. 2a VwVfG ermöglicht insoweit eine medienbruchfreie Bekanntgabe durch Datenabruf über öffentlich zugängliche Netze. **132**

III. Öffentlich-rechtlicher Vertrag

133 Neben dem Verwaltungsakt stellt der öffentlich-rechtliche Vertrag eine weitere zentrale und in der Praxis zunehmend an Bedeutung gewinnende Handlungsform der Verwaltung dar. Er bietet – insbesondere im Vergleich zum Verwaltungsakt – äußerst flexible Gestaltungsmöglichkeiten und zielt auf Konsens und Kooperation zwischen den Vertragsparteien ab. Öffentlich-rechtliche Verträge kommen in ganz unterschiedlichen Bereichen des Verwaltungsrechts zum Einsatz, so etwa im Bereich des Baurechts, insbesondere durch den Abschluss städtebaulicher Verträge (§ 11 BauGB), im Umweltrecht, z. B. bei Sanierungsverträgen aufgrund von Altlasten (§ 13 Abs. 4 BBodSchG) oder auch im Wirtschaftsverwaltungsrecht, etwa bei Subventionsverträgen. Die allgemeinen rechtlichen Grundlagen zum öffentlich-rechtlichen Vertrag finden sich in den §§ 54 bis 62 VwVfG. Daneben enthalten mehrere Fachgesetze Sonderregelungen zum öffentlich-rechtlichen Vertrag (vgl. §§ 53–61 SGB X sowie die zuvor genannten Beispiele).

134 **1. Bestehen eines öffentlich-rechtlichen Vertrages.** Nach der Legaldefinition des § 54 Satz 1 VwVfG ist ein öffentlich-rechtlicher Vertrag ein **Vertrag**, durch den ein Rechtsverhältnis auf dem Gebiet des öffentlichen Rechts begründet, geändert oder aufgehoben wird. Wie jeder andere Vertrag erfordert auch ein öffentlich-rechtlicher Vertrag zunächst eine mehrseitige vertragliche Regelung zwischen den Vertragsparteien, die durch **übereinstimmende Willenserklärungen** (Angebot und Annahme) zustande kommt. Für das Zustandekommen finden über § 62 Satz 2 VwVfG ergänzend die §§ 145 ff. BGB entsprechende Anwendung.

135 Die vertraglich vereinbarten Rechte und Pflichten müssen sich zudem auf einen **Lebenssachverhalt** beziehen, der **durch das öffentliche Recht geregelt** wird. Hierdurch wird der öffentlich-rechtliche Vertrag vom privatrechtlichen Vertrag abgegrenzt. Insoweit ist zu berücksichtigen, dass Hoheitsträger sowohl privatrechtliche Verträge (z. B. einen Werkvertrag zwischen der Polizei und einem Abschleppunternehmen) als auch öffentlich-rechtliche Verträge abschließen können. Für die Zuordnung des Vertragsgegenstandes zum öffentlichen Recht ist auf die allgemeinen Abgrenzungskriterien zwischen dem öffentlich-rechtlichen und privatrechtlichen Handeln der Verwaltung zurückzugreifen (vgl. Rn. 30 f.). Bei Verträgen, die sowohl öffentlich-rechtliche als auch privatrechtliche Elemente enthalten, ist nach h. M. auf den prägenden

Schwerpunkt des Vertrages in seiner Gesamtheit abzustellen. Ausführlich hierzu *Rozek*, in: Schoch/Schneider, § 54 Rn. 43 ff.

Abgrenzungsschwierigkeiten können sich zudem insbesondere zum **mitwirkungsbedürftigen Verwaltungsakt** ergeben, bei dem der Adressat ebenfalls beteiligt ist (z. B. die Beamtenernennung). Während Vertragspartner bei einem öffentlich-rechtlichen Vertrag dem Grunde nach gleichberechtigten Einfluss auf die inhaltliche Ausgestaltung des Vertrages nehmen können, besteht beim mitwirkungsbedürftigen Verwaltungsakt kein inhaltliches Mitspracherecht des Bürgers (seine Mitwirkung ist dort lediglich Rechtmäßigkeits- bzw. Wirksamkeitserfordernis).   **136**

2. Arten von öffentlich-rechtlichen Verträgen. Es existieren verschiedene Arten öffentlich-rechtlicher Verträge. Die §§ 54 ff. VwVfG enthalten insoweit keine abschließende Aufzählung. Die wichtigsten Unterscheidungen an Vertragsarten betreffen dabei: **137**

a) Unterscheidung zwischen koordinationsrechtlichen und subordinationsrechtlichen Verträgen. Bei öffentlich-rechtlichen Verträgen ist allem voran zwischen koordinationsrechtlichen und subordinationsrechtlichen Verträgen zu unterscheiden, zumal die §§ 54 ff. VwVfG unterschiedliche Anforderungen an diese beiden Vertragsarten aufstellen. Vertiefend zu diesen und weiteren Vertragsarten vgl. *Peine/Siegel*, § 17 Rn. 739 ff.   **138**

aa) Koordinationsrechtliche Verträge. Nicht explizit im VwVfG geregelt sind die koordinationsrechtlichen Verträge. Dies sind öffentlich-rechtliche Verträge, die zwischen grundsätzlich gleichgeordneten Vertragspartnern, v. a. zwischen Hoheitsträgern, geschlossen werden.   **139**

Beispiel: **140**
Eine Vereinbarung zwischen zwei Gemeinden über den genauen Verlauf und die teilweise Abänderung der Gemeindegrenzen.

bb) Subordinationsrechtliche Verträge. Subordinationsrechtliche Verträge sind öffentlich-rechtliche Verträge zwischen Parteien, die sonst im Verhältnis der Über-/Unterordnung, d. h. in einer hierarchischen Abhängigkeit, zueinander stehen.   **141**

142 Beispiel:
Eine Vereinbarung zwischen einer Baurechtsbehörde und einem Grundstückseigentümer, wonach sich dieser zum Abbruch einer auf dem Grundstück befindlichen baulichen Anlage innerhalb einer großzügig bemessenen Frist verpflichtet (anstelle des Erlasses einer Abbruchsanordnung).

143 Der subordinationsrechtliche Vertrag wird in § 54 Satz 2 VwVfG (bitte lesen) eingeführt, hat dort jedoch keine abschließende Definition erfahren. Insbesondere muss der subordinationsrechtliche Vertrag nicht zwangsläufig einen andernfalls ergehenden Verwaltungsakt ersetzen, sondern kann sich auch auf sonstige öffentlich-rechtliche Handlungen, Duldungen oder Unterlassungen erstrecken. Einige Vorschriften der §§ 54 ff. VwVfG nehmen auf § 54 Satz 2 VwVfG ausdrücklich Bezug (§§ 55, 56, 59 Abs. 2, 61 VwVfG) und gelten daher nur für subordinationsrechtliche Verträge.

144 b) Unterscheidung zwischen Vergleichsverträgen und Austauschverträgen. Aus der Systematik der §§ 54 ff. VwVfG ergibt sich zudem die Notwendigkeit, zwischen Vergleichs- und Austauschverträgen zu unterscheiden.

145 aa) Vergleichsverträge. Vergleichsverträge beseitigen eine bei verständiger Würdigung des Sachverhalts oder der Rechtslage bestehende Ungewissheit durch gegenseitiges Nachgeben. Der subordinationsrechtliche Vergleichsvertrag ist in § 55 VwVfG normiert.

146 Beispiel:
Eine Baurechtsbehörde schließt mit einem Bauherrn einen Vertrag über die Zulässigkeit eines Gebäudes mit zwei Vollgeschossen, da rechtlich unklar war, ob in dem betreffenden unbeplanten Innenbereich (§ 34 BauGB) eher die 1- oder die 3-geschossige Bauweise prägend ist.

147 bb) Austauschverträge. Austauschverträge sind gegenseitig verpflichtende Verträge, in denen sich der Vertragspartner der Behörde für eine behördliche Leistung zu einer Gegenleistung verpflichtet. Der subordinationsrechtliche Austauschvertrag ist in § 56 VwVfG verankert und nur unter den dort angeführten engen Voraussetzungen zulässig. Dies erfordert, dass die Gegenleistung für einen bestimmten Zweck vereinbart wird, der Behörde zur Erfüllung ihrer öffentlichen Aufgaben dient, den gesamten Umständen nach angemessen ist und in sachlichem Zusammenhang mit der vertraglichen Leistung steht.

III. Öffentlich-rechtlicher Vertrag

Beispiel: 148
Bauherr B möchte in zentraler Innenstadtlage ein Ärztehaus errichten, kann jedoch auf dem Baugrundstück nicht die notwendigen Stellplätze in erforderlicher Anzahl herstellen. Durch einen sog. Stellplatzablösungsvertrag kann die Behörde gegenüber dem Bauherrn auf die Herstellung notwendiger Stellplätze verzichten, wenn sich dieser zur Zahlung eines gewissen Geldbetrages verpflichtet, der von der Behörde zweckgebunden für den Bau eines städtischen Parkhauses oder die sonstige Bereitstellung öffentlichen Parkraums verwendet wird.

3. Rechtmäßigkeit eines öffentlich-rechtlichen Vertrages. § 54 Satz 1 LVwVfG 149 bestimmt für alle Arten öffentlich-rechtlicher Verträge, dass vertraglich Regelungen zulässig sind „soweit Rechtsvorschriften nicht entgegenstehen". Von Bedeutung sind vor allem folgende Rechtmäßigkeitsvoraussetzungen:

a) Zulässigkeit der Vertragsform. Die Handlungsform des öffentlich-rechtlichen Vertrages muss im konkreten Fall zulässig sein, d. h. die Behörde muss die betreffenden Rechte und Pflichten überhaupt in Form eines Vertrages regeln dürfen. Insoweit ist zu berücksichtigen, dass einige Rechtsvorschriften Verbote enthalten, öffentlich-rechtliche Verträge abzuschließen (sog. **Vertragsformverbote**). Derartige Vertragsformverbote sind nur teilweise ausdrücklich im Gesetz verankert, meist ergibt sich die Unzulässigkeit aus dem Sinn und Zweck oder der Systematik des Gesetzes. Beispiele hierfür sind etwa § 1 Abs. 3 Satz 2 Hs. 2 BauGB oder auch § 2 Abs. 3 Nr. 2 VwVfG (aufgrund der Ausklammerung der §§ 54 ff. VwVfG). 150

b) Formelle Rechtmäßigkeit. In formeller Hinsicht muss zunächst die Behörde, die den Vertrag abschließt, dafür sachlich und örtlich zuständig sein. Darüber hinaus bedürfen öffentlich-rechtliche Verträge nach § 57 VwVfG stets der **Schriftform**, wofür über § 62 Satz 2 VwVfG die Regelung des § 126 BGB entsprechend Anwendung findet. Über § 62 Satz 2 VwVfG können zudem auch strengere Formerfordernisse (z. B. die notarielle Form bei Grundstücksverkäufen, § 311b Abs. 1 Satz 1 BGB) zum Tragen kommen. Ferner sind etwaige **Zustimmungen Dritter** nach § 58 Abs. 1 VwVfG oder **Mitwirkungserfordernisse anderer Behörden** nach § 58 Abs. 2 VwVfG zu beachten. 151

c) Materielle Rechtmäßigkeit. Ein öffentlich-rechtlicher Vertrag muss darüber hinaus vor allem inhaltlich im Einklang mit dem geltenden Recht sein. Insoweit sind zunächst etwaige spezialgesetzliche Anforderungen bestimmter Verwaltungsverträge zu beachten (z. B. § 11 BauGB für städtebauliche Verträge). 152

Im Übrigen stellen die §§ 55 und 56 LVwVfG besondere Rechtmäßigkeitsvoraussetzungen für Vergleichs- und Austauschverträge auf, die – je nach Einzelfall – zu berücksichtigen sind.

153 **4. Fehlerfolgen. – a) Unterscheidung zwischen Rechtswidrigkeit und Nichtigkeit.** Verstößt ein öffentlich-rechtlicher Vertrag gegen Rechtsvorschriften, hat der Gesetzgeber hierfür durch § 59 VwVfG eine differenzierte Regelung zu den Fehlerfolgen getroffen. Insoweit ist – wie auch bei Verwaltungsakten (vgl. hierzu 5. und 6. Kapitel) – zwischen Rechtswidrigkeit und Nichtigkeit zu unterscheiden.

154 Die Nichtigkeit, d. h. die Rechtsunwirksamkeit des Vertrages (aufgrund derer der Vertrag keine Rechtsfolgen entfaltet), tritt nicht bei jedem Rechtsverstoß ein, sondern nur dann, wenn einer der in **§ 59 VwVfG abschließend aufgezählten Nichtigkeitsgründe** vorliegt. Liegt keiner der dortigen Nichtigkeitsgründe, sondern ein sonstiger Rechtsverstoß vor, ist der Vertrag zwar rechtswidrig, aber gleichwohl wirksam. Anders als beim Verwaltungsakt kommt in diesem Fall eines rechtswidrigen, aber nicht nichtigen Vertrages auch eine Aufhebbarkeit – etwa durch Kündigung, Anfechtung oder Rücktritt – nicht in Betracht; vielmehr bleibt der Vertrag Grundlage für Vertragsansprüche (vertiefend hierzu *Brosius-Gersdorf*, in: Schoch/Schneider, § 59 Rn 25 ff.).

> Für eine Fallbearbeitung, in der es um Ansprüche aus einem öffentlich-rechtlichen Vertrag geht, bedeutet dies, dass nur die Wirksamkeit des Vertrages zu überprüfen ist, da die „einfache" Rechtswidrigkeit des Vertrages keine Auswirkungen auf die Pflicht zur Vertragserfüllung hat. Es sind mithin die Nichtigkeitsgründe des § 59 VwVfG zu prüfen, wobei § 59 Abs. 2 VwVfG spezielle Nichtigkeitsgründe für subordinationsrechtliche Verträge enthalten, während § 59 Abs. 1 VwVfG eine Generalklausel vorsieht. In der Prüfungsreihenfolge ist daher § 59 Abs. 2 VwVfG stets vorrangig vor § 59 Abs. 1 VwVfG zu beachten.

155 **b) Spezielle Nichtigkeitsgründe nach § 59 Abs. 2 VwVfG.** In § 59 Abs. 2 VwVfG sind spezielle Nichtigkeitsgründe für subordinationsrechtliche Verträge normiert. Die Nichtigkeit und damit Rechtsunwirksamkeit eines subordinationsrechtlichen Vertrages ist demnach gegeben, wenn
- ein Verwaltungsakt mit entsprechendem Inhalt unter einem schweren und offensichtlichen Fehler leiden würde und deshalb nichtig wäre (Nr. 1),
- wenn die Vertragsschließenden durch bewusstes Zusammenwirken gesetzliche Bestimmungen umgehen wollen (Nr. 2) oder

- wenn die besonderen Voraussetzungen des Vergleichs- oder des Austauschvertrages verletzt werden (Nr. 3 und 4).

c) Allgemeine Nichtigkeitsgründe nach § 59 Abs. 1 VwVfG. § 59 Abs. 1 VwVfG enthält allgemeine Nichtigkeitsgründe, die – anders als § 59 Abs. 2 VwVfG – für alle öffentlich-rechtlichen Verträgen gelten. § 59 Abs. 1 VwVfG verweist auf die **entsprechenden Nichtigkeitsgründe des BGB.** Die Nichtigkeit eines öffentlich-rechtlichen Vertrages kann sich demnach aus allen im BGB genannten Unwirksamkeitsgründen ergeben. Dies ist insbesondere anzunehmen bei

156

- fehlender Geschäftsfähigkeit einer Vertragspartei (§ 105 BGB),
- Verstößen gegen Formvorschriften (§ 125 BGB),
- Anfechtung des Vertrags wegen Irrtums oder arglistiger Täuschung (§§ 119 ff., 142 Abs. 1 BGB),
- Sittenwidrigkeit (§ 138 BGB).

Problematisch ist die **entsprechende Anwendung des § 134 BGB.** Nach ganz h. M. in Lit. und Rspr. zieht insoweit nicht jede Rechtsverletzung die Nichtigkeit des Vertrages nach sich, sondern nur ein **qualifizierter Fall der Rechtswidrigkeit** (BVerwGE 98, 58, 63), der vorliegt, wenn eine zwingende Rechtsnorm den Inhalt des Vertrages und seinen Erfolg verbietet und der Normzweck die Nichtigkeit im öffentlichen Interesse verlangt. Ausführlich hierzu *Mann*, in: Mann/Sennekamp/Uechtritz, § 59 Rn. 43 ff.

157

📖 → Prüfungsschema zum öffentlich-rechtlichen Vertrag

5. Kapitel Rechtmäßigkeitsvoraussetzungen des Verwaltungsakts

158 In der Verwaltungspraxis ist vor allem die Handlungsform des Verwaltungsakts von zentraler Bedeutung. Die Prüfung der Rechtmäßigkeit einer Maßnahme kann dabei aus zwei unterschiedlichen Perspektiven vorzunehmen sein: Sie erfolgt zum einen stets *vor* dem Erlass der Maßnahme durch die erlassende Behörde; in diesem Fall ist also die Rechtmäßigkeit eines *noch zu erlassenden* Verwaltungsakts zu prüfen. Zum anderen kann auch *nachträglich* die Rechtmäßigkeit eines *bereits erlassenen* Verwaltungsakts zu prüfen sein, z. B. im Rahmen eines Widerspruchsverfahrens oder verwaltungsgerichtlichen Verfahrens. Auch bei der Aufhebung von Verwaltungsakten nach §§ 48 bis 50 VwVfG ist die nachträgliche Rechtmäßigkeitsprüfung bedeutsam. Die folgende Darstellung legt den üblichen Aufbau der Prüfung einer nachträglichen Rechtmäßigkeitskontrolle zugrunde. Bei der Prüfung der Rechtmäßigkeit eines noch zu erlassenden Verwaltungsaktes empfiehlt es sich, einzelne Aspekte der formellen Rechtmäßigkeit erst im Anschluss an die materielle Rechtmäßigkeit zu prüfen; hierauf wird an den entsprechenden Stellen im Prüfungsaufbau hingewiesen.

159 Im Folgenden werden die Voraussetzungen für den Erlass *belastender* (I. – Rn. 160 ff.) und *begünstigender* Verwaltungsakte (II. – Rn. 343 ff.) sowie die Vorgaben für die Beifügung von *Nebenbestimmungen* zum Verwaltungsakt (III. – Rn. 371 ff.) erläutert.

I. Rechtmäßigkeitsvoraussetzungen für den Erlass belastender Verwaltungsakte

160 Der rechtmäßige Erlass eines belastenden Verwaltungsaktes setzt nach dem Grundsatz des Vorbehalts des Gesetzes zunächst eine Rechtsgrundlage (*Ermächtigungsgrundlage*) voraus. Weiter muss die Behörde alle *formellen* Vorgaben (Zuständigkeit, Verfahren und Form) sowie alle *materiellen* (den Inhalt betreffenden) Voraussetzungen beachten. Im Überblick stellt sich der Prüfungsaufbau wie folgt dar:

I. Rechtmäßigkeitsvoraussetzungen für den Erlass belastender Verwaltungsakte

I. **Ermächtigungsgrundlage**
II. **Formelle Rechtmäßigkeit**
  1. **Zuständigkeit**
  2. **Verfahrens- und Formvorschriften, insbesondere:**
     (a) Mitwirkungsverbote: Ausschluss (§ 20 VwVfG); Befangenheit (§ 21 VwVfG)
     (b) Anhörung (§ 28 VwVfG)
     (c) Akteneinsicht (§ 29 VwVfG)
     (d) Ggf. Mitwirkung anderer Stellen
     (e) Form (§ 37 Abs. 2 bis 5 VwVfG)
     (f) Begründung (§ 39 VwVfG)
III. **Materielle Rechtmäßigkeit**
  1. **Tatbestandsvoraussetzungen der Ermächtigungsgrundlage**
  2. **Zulässiger Adressat**
  3. **Zulässige Maßnahme (bei Ermessensentscheidungen: kein Ermessensfehler)**
  4. **Inhaltliche Bestimmtheit**

Abb. 5: Prüfung der Rechtmäßigkeit eines Verwaltungsaktes

1. Ermächtigungsgrundlage. Voraussetzung für den Erlass eines belastenden Verwaltungsaktes ist zunächst eine Ermächtigungsgrundlage (vgl. zum Grundsatz des Vorbehalts des Gesetzes Rn. 56). Soll der Bürger zu einem Tun, Dulden oder Unterlassen verpflichtet werden, muss dafür zunächst eine Rechtsgrundlage gefunden werden, die die Behörde zu dieser Anordnung berechtigt. Diese Rechtsgrundlage muss der Behörde Eingriffskompetenzen vermitteln *(Befugnisnorm)*. Eine Norm, die einer Behörde ausschließlich bestimmte Aufgaben zuweist *(Aufgabenzuweisungsnorm)*, genügt nicht.

161

a) Auffinden von Ermächtigungsgrundlagen. Ist die Rechtmäßigkeit einer *bereits erlassenen* Anordnung (in einer verwaltungsrechtlichen Klausur oder im Rahmen eines Widerspruchs- oder verwaltungsgerichtlichen Verfahrens) zu prüfen, sind als mögliche Ermächtigungsgrundlagen in einem ersten Schritt *alle Vorschriften* in Betracht zu ziehen, die eine *Rechtsfolge* vorsehen, die der beabsichtigten Anordnung entspricht.

162

Die von der Behörde tatsächlich herangezogene Ermächtigungsgrundlage ist in die rechtsgutachtliche Prüfung selbstverständlich mit einzubeziehen; darüber hinaus sind jedoch auch weitere Rechtsgrundlagen in Betracht zu ziehen, auf die die Maßnahme gestützt werden kann. Kommen mehrere Normen als Ermächtigungsgrundlage in Betracht, so ist das Verhältnis dieser Normen in einem zweiten Schritt zu klären (Rn. 167); hat die Behörde nicht die zutreffende Norm herangezogen, kommt ggf. ein Austausch der Ermächtigungsgrundlage in Betracht (Rn. 171).

5. Kapitel Rechtmäßigkeitsvoraussetzungen des Verwaltungsakts

 Prüft die Verwaltung *vor* Erlass einer Maßnahme, ob und ggf. welche Anordnung rechtmäßig erlassen werden kann (oder ist die Prüfung der Rechtmäßigkeit eines *noch zu erlassenden* Verwaltungsaktes Gegenstand einer verwaltungsrechtlichen Klausur), ist die Überlegung voranzustellen, welche Anordnung (*Rechtsfolge*) in dem zu entscheidenden Fall sachgerecht sein könnte (z. B. Abbruch eines Hauses, Verbot einer Versammlung oder Gewerbeuntersagung).

163 Als Ermächtigungsgrundlagen kommen vor allem Vorschriften aus dem *Besonderen Verwaltungsrecht* in Betracht.

164 Beispiel:
Gewerbetreibender A hat seit längerem erhebliche Steuerrückstände. Die zuständige Behörde erwägt eine Gewerbeuntersagung. Für die beabsichtigte Anordnung kommt § 35 Abs. 1 Satz 1 GewO als Ermächtigungsgrundlage in Betracht.

165 Gerade im Bereich der *Gefahrenabwehr* finden sich häufig auch sog. *Generalklauseln*, die sich aus einer Aufgaben- und einer Befugnisnorm zusammensetzen und einer Behörde die Befugnis zur Gefahrenabwehr in einem beschriebenen Aufgabenbereich zuweisen. Die Generalklauseln dienen dazu, der Vielgestaltigkeit möglicher Gefahrenlagen Rechnung zu tragen.

166 Beispiel:
Die *polizeiliche Generalklausel* setzt sich aus einer Aufgabenzuweisungsnorm (vgl. z. B. § 1 Abs. 1 PolG BW: „Die Polizei hat die Aufgabe [...]") sowie einer Befugnisnorm zusammen (vgl. z. B. § 3 PolG BW: „Die Polizei hat [...] diejenigen Maßnahmen zu treffen, die ihr nach pflichtgemäßem Ermessen erforderlich erscheinen"). Eine vergleichbare Normstruktur weisen auch die *wasserrechtliche* (§ 100 Abs. 1 Satz 1 und 2 WHG) und die *bauordnungsrechtliche* Generalklausel auf (vgl. z. B. § 47 Abs. 1 Satz 1 und 2 LBO BW).

167 b) **Vorgehen bei mehreren möglichen Ermächtigungsgrundlagen.** Kommen mehrere Ermächtigungsgrundlagen in Betracht, so ist die Frage zu klären, in welchem Verhältnis diese Normen zueinanderstehen: Ob eine Norm die andere verdrängt oder ob sie nebeneinander anwendbar sind. In diesem Zusammenhang ist in der Verwaltungspraxis vor allem die *lex-specialis*-Regel von Bedeutung (Vorrang der spezielleren Norm vor der allgemeineren, siehe Rn. 18).

I. Rechtmäßigkeitsvoraussetzungen für den Erlass belastender Verwaltungsakte

Beispiele: 168
Die Vorschriften des Gaststättenrechts gehen als speziellere Vorschriften der GewO vor. – Soll zur Abwehr einer Gefahr gehandelt werden, die von einer baulichen Anlage ausgeht, gehen die Ermächtigungsgrundlagen des Bauordnungsrechts dem allgemeinen Polizeirecht vor.

Kommen *mehrere spezialgesetzliche Ermächtigungsgrundlagen* in Betracht, so sind diese regelmäßig *nebeneinander* anwendbar, wenn sie unterschiedlichen Schutzrichtungen dienen und gesetzlich nichts anderes bestimmt ist. 169

Beispiele: 170
Die Straßenverkehrsordnung (StVO) und die landesrechtlichen Straßengesetze dienen unterschiedlichen Schutzrichtungen (StVO: Sicherheit des Straßenverkehrs; Straßengesetze: Bereitstellung der öffentlichen Straßen zur Nutzung des Verkehrsraums); sie sind *nebeneinander* anwendbar.
§ 3 Bundes-Bodenschutzgesetz (BBodSchG) regelt die *nachrangige* Anwendung dieses Gesetzes gegenüber den dort näher aufgeführten anderen Gesetzen.

Ergibt die Prüfung in einer verwaltungsrechtlichen Klausur, dass für eine bereits erlassene Maßnahme mehrere Ermächtigungsgrundlagen in Betracht kommen, wird die weitere Prüfung regelmäßig anhand der Norm erfolgen, für die eine Zuständigkeit der erlassenden Behörde gegeben ist (was im nachfolgenden Prüfungspunkt untersucht wird, siehe Rn. 174 ff.).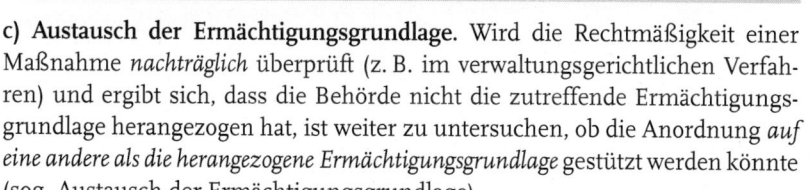

c) Austausch der Ermächtigungsgrundlage. Wird die Rechtmäßigkeit einer Maßnahme *nachträglich* überprüft (z. B. im verwaltungsgerichtlichen Verfahren) und ergibt sich, dass die Behörde nicht die zutreffende Ermächtigungsgrundlage herangezogen hat, ist weiter zu untersuchen, ob die Anordnung *auf eine andere als die herangezogene Ermächtigungsgrundlage* gestützt werden könnte (sog. Austausch der Ermächtigungsgrundlage). 171

Voraussetzung für einen Austausch der Ermächtigungsgrundlage ist, dass der Verwaltungsakt dadurch **nicht in seinem Wesen verändert** wird (andernfalls kommt nur eine Umdeutung nach § 47 VwVfG in Betracht). Eine solche Wesensänderung, die einen Austausch der Ermächtigungsgrundlage ausschließt, liegt insbesondere vor, wenn die neu „eingewechselte" Ermächtigungsgrundlage ein *Ermessen* eröffnet, die ursprünglich herangezogene Ermächtigungsgrundlage aber eine gebundene Entscheidung war. Ein Auswechseln der 172

Ermächtigungsgrundlage ist dagegen möglich, wenn beide Ermächtigungsgrundlagen einen Ermessensspielraum eröffnen und die Zwecke der Ermächtigungsgrundlagen so nahe beieinander liegen, dass lediglich die „falsche Hausnummer" korrigiert wird (vgl. *Emmenegger*, in: Mann/Sennekamp/Uechtritz, § 45 Rn. 97).

173 **2. Formelle Rechtmäßigkeit.** Die Ermächtigungsgrundlage ist zugleich der Ausgangspunkt für die Prüfung der weiteren Rechtmäßigkeitsvoraussetzungen, die nach dem Grundsatz des Vorrangs des Gesetzes zu beachten sind. Dabei ist zwischen den *formellen* Voraussetzungen (Zuständigkeit, Verfahren und Form) und den *materiellen* – den Inhalt betreffenden – Voraussetzungen (siehe dazu Rn. 254 ff.) zu unterscheiden.

Bei den *formellen* Rechtmäßigkeitsvoraussetzungen empfiehlt sich für die Prüfung eines bereits erlassenen und eines noch zu erlassenden Verwaltungsaktes eine unterschiedliche Prüfungsreihenfolge: Bei der nachträglichen Prüfung der Rechtmäßigkeit eines *bereits erlassenen* Verwaltungsaktes (z. B. im Rahmen eines Widerspruchsverfahrens) kann die Prüfung der formellen Rechtmäßigkeitsvoraussetzungen vollständig vor der materiellen Rechtmäßigkeit vorgenommen werden. Diesem Aufbau folgt die nachfolgende Darstellung aus Gründen der Übersichtlichkeit. Ist dagegen die Rechtmäßigkeit einer *noch zu erlassenden* Maßnahme zu prüfen, empfiehlt es sich, die Prüfungspunkte *Anhörung, Form und Begründung erst im Anschluss an die materielle Rechtmäßigkeit* zu prüfen. Denn erst wenn klar ist, welche Maßnahme verhältnismäßig ist und wer als Adressat herangezogen werden kann, kann auch beurteilt werden, wer zu welcher Maßnahme anzuhören ist und welche Anforderungen für Form und Begründung gelten.

👆 → Prüfungsschema Rechtmäßigkeit eines noch zu erlassenden Verwaltungsaktes

174 **a) Zuständigkeit.** Die Prüfung der formellen Rechtmäßigkeitsvoraussetzungen beginnt regelmäßig mit der Beachtung der Zuständigkeitsregeln. Dabei sind die *für die Ermächtigungsgrundlage einschlägigen Zuständigkeitsvorschriften* heranzuziehen.

175 **aa) Sachliche Zuständigkeit.** Die sachliche Zuständigkeit dient der Abgrenzung nach dem Gegenstand der Verwaltungsaufgabe. Ausgehend von der Ermächtigungsgrundlage sind die zugehörigen Zuständigkeitsvorschriften heranzuziehen.

I. Rechtmäßigkeitsvoraussetzungen für den Erlass belastender Verwaltungsakte

Beispiel: 176
Maßnahmen nach der wasserrechtlichen Generalklausel weist § 100 Abs. 1 WHG den für die allgemeine Gewässeraufsicht zuständigen Behörden zu. Welche Behörden für die allgemeine Gewässeraufsicht zuständig sind, richtet sich nach dem Landesrecht. Dies sind die Wasserbehörden (vgl. z. B. § 80 ff. WG BW; § 114 ff. WG NRW).

bb) Instanzielle Zuständigkeit. Die instanzielle Zuständigkeit (die auch der sachlichen Zuständigkeit zugeordnet werden kann) betrifft die Frage, *welche Verwaltungsebene* (innerhalb des sachlich zuständigen Verwaltungsträgers) zuständig ist. In der Regel ist die *untere* Verwaltungsebene (z. B. untere Baurechtsbehörde, untere Wasserbehörde) zuständig. Welche Behörde dies im Einzelfall ist, bestimmt sich auf der Grundlage der spezialgesetzlichen Regelung, die auf das allgemeine Verwaltungsorganisationsrecht Bezug nimmt. 177

Beispiel: 178
Im obigen Beispiel ist weiter zu prüfen, welchen Behörden landesrechtlich die Aufgaben der Wasserbehörde zugewiesen sind. Am Beispiel BW: Nach § 82 Abs. 1 Satz 1 WG BW ist für die Gewässeraufsicht die *untere Wasserbehörde* zuständig, sofern nichts anderes bestimmt ist. Untere Wasserbehörden sind nach § 80 Abs. 1 Nr. 3 WG BW die *unteren Verwaltungsbehörden*. Dies sind nach § 15 Abs. 1 Nr. 1 des Landesverwaltungsgesetzes (LVG) BW in den *Landkreisen* die Landratsämter (nicht die Großen Kreisstädte, vgl. § 19 Abs. 1 Nr. 5b LVG), nach § 15 Abs. 1 Nr. 2 LVG in den *Stadtkreisen* die Gemeinden (vgl. z. B. für NRW: § 1 Abs. 1, Abs. 2 Nr. 3 und Abs. 3 der Zuständigkeitsverordnung Umweltschutz i. V. m. Teil A des Verzeichnisses zu dieser Verordnung: Kreise und kreisfreie Städte als untere Umweltschutzbehörden).

cc) Örtliche Zuständigkeit. Die örtliche Zuständigkeit dient der räumlichen Abgrenzung der Verwaltungstätigkeit. Soweit keine spezialgesetzliche Regelung vorhanden ist, kann auf die allgemeine Regelung in § 3 VwVfG zurückgegriffen werden. 179

Von den Regelungen zur Zuständigkeit der Behörden kann nur abgewichen werden, wenn dies ausnahmsweise durch gesetzliche Regelungen vorgesehen ist (wie dies z. B. im Polizeirecht für nach- oder übergeordnete Behörden für *Eilfälle* vorgesehen ist, wenn die eigentlich zuständige Behörde nicht rechtzeitig tätig werden kann). Entsprechendes gilt für den Fall des **Selbsteintritts** der zur 180

Fachaufsicht zuständigen Behörde, wenn die nachgeordnete Behörde einer Weisung nicht Folge leistet (vgl. z. B. § 110 Abs. 2 PolG BW).

181 **b) Verfahren und Form.** Neben der Zuständigkeit müssen die Verfahrens- und Formvorschriften beachtet werden. Dabei werden im Folgenden zunächst die wichtigsten Grundlagen zum Verwaltungsverfahren im Allgemeinen komprimiert dargestellt (Rn. 182 ff.), bevor sodann die für die Rechtmäßigkeitskontrolle besonders relevanten Verfahrens- und Formaspekte im Einzelnen behandelt werden (Rn. 215 ff.).

182 **aa) Allgemeines zum Verwaltungsverfahren.** Das Verwaltungsverfahren betrifft die Arbeitsweise der Behörden im Zusammenhang mit einer Entscheidung oder sonstigen Maßnahme. Es ist vor allem im Verwaltungsverwaltungsverfahrensgesetz des Bundes (VwVfG) bzw. in den im Wege der „Simultangesetzgebung" entstandenen Verwaltungsverfahrensgesetzen der Länder geregelt. Die folgenden Ausführungen beschränken sich auf das *allgemeine Verwaltungsverfahren* (vgl. zum förmlichen Verwaltungsverfahren und zum Planfeststellungsverfahren Hesselbarth/Peters, in: Schweickhardt/Vondung/Zimmermann-Kreher, Rn. 874 ff.). Soweit *spezialgesetzliche* Regelungen zum Verwaltungsverfahren vorhanden sind (wie z. B. für das Baugenehmigungsverfahren), sind diese vorrangig heranzuziehen.

183 **(1) Beginn des Verwaltungsverfahrens.** Das Verwaltungsverfahren kann entweder auf Initiative der Behörde *(von Amts wegen)* oder aufgrund eines *Antrags* des Bürgers eingeleitet werden. In beiden Konstellationen gibt es jeweils Fälle, in denen die Behörde zur Durchführung eines Verwaltungsverfahrens *verpflichtet* ist.

184 § 22 Satz 1 VwVfG bestimmt zunächst, dass die Behörde **nach pflichtgemäßem Ermessen** entscheidet, ob sie ein Verwaltungsverfahren durchführt. § 22 Satz 2 VwVfG regelt demgegenüber Fälle, in denen dieser Grundsatz (Einleitung des Verwaltungsverfahrens nach Ermessen) ausnahmsweise *nicht* gilt: Während Nr. 1 Fälle beschreibt, in denen die Behörde *tätig werden muss*, betrifft Nr. 2 Konstellationen, in denen die Behörde *nicht tätig werden darf.*

185 Eine **Verpflichtung** zur Einleitung eines Verwaltungsverfahrens nach § 22 Satz 1 Nr. 1 VwVfG (Fälle, in denen die Behörde von Amts wegen oder auf Antrag tätig werden muss) besteht zum einen bei *gebundenen Entscheidungen* sowie in Fällen, in denen das *Entschließungsermessen auf Null reduziert* ist (vgl. dazu Rn. 323 f.), also nicht ermessensfehlerfrei von einer Maßnahme abgesehen werden kann. Eine Verpflichtung zur Einleitung eines Verfahrens ist darüber hinaus auch anzunehmen, wenn dem Bürger ein *Antragsrecht kraft Gesetzes* ausdrücklich eingeräumt ist bzw. er sich auf ein *subjektiv-öffentliches Recht* berufen kann (zum subjektiv-öffentlichen Recht siehe Rn. 71 ff.).

Die Einleitung eines Verwaltungsverfahrens ist demgegenüber nach § 22 Satz 2 VwVfG **ausgeschlossen**, wenn die Behörde aufgrund von Rechtsvorschriften nur auf Antrag tätig werden darf und ein Antrag nicht vorliegt. Diese Konstellation spielt vor allem beim Erlass von *begünstigenden* Verwaltungsakten eine Rolle (Rn. 343 ff.). **186**

In verwaltungsrechtlichen Klausuren, in denen es um den Erlass eines belastenden Verwaltungsaktes geht, kommt der Verpflichtung der Behörde zum Tätigwerden vor allem Bedeutung zu, wenn danach gefragt ist, ob ein Dritter (z. B. Nachbar) einen Anspruch auf behördliches Einschreiten hat (siehe Rn. 328 ff.).

(2) Verfahrensbeteiligte. Von zentraler Bedeutung für das Verwaltungsverfahren ist die Stellung der Verfahrensbeteiligten. Der Begriff des Verfahrensbeteiligten ist in § 13 VwVfG geregelt. An ihn knüpfen verschiedene Vorschriften über das Verwaltungsverfahren an: So ist der Beteiligte anzuhören (§ 28 Abs. 1 VwVfG), ihm steht ein Recht auf Akteneinsicht zu (§ 29 VwVfG) und eine verwandtschaftliche Beziehung zu einem Beteiligten kann zum Ausschluss von Behördenmitarbeitern führen (vgl. im Einzelnen § 20 VwVfG). **187**

Zu beachten ist, dass die verfahrensführende Behörde als Trägerin des Verwaltungsverfahrens nicht selbst Beteiligte ist. Sie ist insbesondere nicht „Antragsgegner" i. S. v. § 13 Abs. 1 Nr. 1 VwVfG.

Dabei ist zunächst zwischen den **Beteiligten kraft Gesetzes** nach § 13 Abs. 1 Nr. 1 bis 3 VwVfG (sog. *geborene* Beteiligte) und den Beteiligten nach § 13 Abs. 1 Nr. 4 VwVfG (sog. *gekorene* Beteiligte) zu unterscheiden, die ihre Beteiligteneigenschaft erst durch eine Hinzuziehung durch die Behörde erlangen. **188**

Beteiligter nach § 13 Abs. 1 Nr. 1 VwVfG ist zunächst der **Antragsteller**. Dabei ist nur derjenige als Antragsteller anzusehen, der die Einleitung des Verwaltungsverfahrens in eigener Sache (unter Berufung auf ein **subjektiv-öffentliches Recht**, siehe Rn. 71 ff.) erreichen möchte. Ein Antrag im allgemeinen Interesse genügt dagegen nicht, sofern nicht ausnahmsweise (wie etwa bei Naturschutzverbänden) spezialgesetzliche Regelungen dies vorsehen. **189**

Es ist daher zu prüfen, ob die zugrundeliegende Norm, auf die sich der Antrag stützt, zumindest auch den Interessen des Antragstellers dient *(Schutznormtheorie)*.

Der Antragsteller i. S. v. § 13 Abs. 1 Nr. 1 VwVfG ist daher vom bloßen *Hinweisgeber* oder *Anzeigeerstatter* zu unterscheiden. Wer sich an die Behörde wendet, um auf einen Sachverhalt aufmerksam zu machen, der kein subjektiv-öffentliches Recht begründet, erlangt in einem nachfolgenden Verwaltungsverfahren daher nicht automatisch die Stellung eines Verfahrensbeteiligten.

190 Antragsgegner i. S. v. § 13 Abs. 1 Nr. 1 VwVfG und damit Verfahrensbeteiligter ist derjenige, zu dessen Lasten oder Nachteil die Behörde entscheiden soll, wie z. B. beim Antrag eines Nachbarn, die Ordnungsbehörde möge gegen den Eigentümer einer Bauruine als Störer vorgehen (*Schmitz*, in: Stelkens/Bonk/Sachs, § 13 Rn. 19).

191 Nach § 13 Abs. 1 Nr. 2 VwVfG sind Beteiligte außerdem diejenigen, an die die Behörde den Verwaltungsakt richten will oder gerichtet hat, also die **Adressaten des Verwaltungsaktes**. Schließlich sind nach § 13 Abs. 1 Nr. 3 VwVfG Beteiligte auch diejenigen, mit denen die Behörde einen öffentlich-rechtlichen Vertrag schließen will oder geschlossen hat (**Partner eines öffentlich-rechtlichen Vertrages**).

192 Von den Beteiligten kraft Gesetzes nach § 13 Abs. 1 Nr. 1 bis 3 VwVfG sind die Beteiligten zu unterscheiden, die diese verfahrensrechtliche Stellung erst durch **Hinzuziehung** nach § 13 Abs. 1 Nr. 4, Abs. 2 VwVfG erlangen. Die Hinzuziehung durch die Behörde ist dabei *konstitutiv*, d. h. sie begründet erst die verfahrensrechtliche Stellung; sie ist ein *Verwaltungsakt*. § 13 Abs. 2 VwVfG unterscheidet zwischen der einfachen Hinzuziehung nach Ermessen (Satz 1) und der notwendigen Hinzuziehung (Satz 2). Eine *einfache* Hinzuziehung nach Ermessen kann bei denjenigen erfolgen, deren *rechtliche Interessen* durch den Ausgang des Verfahrens *berührt* werden. Ein Anspruch auf Hinzuziehung besteht im Rahmen der einfachen Hinzuziehung aber nur bei einer Ermessensreduzierung auf Null. Eine *notwendige* Hinzuziehung erfolgt, wenn der Ausgang des Verfahrens für den Dritten *rechtsgestaltende* Wirkung hat. Eine rechtsgestaltende Wirkung liegt vor, wenn durch den möglicherweise ergehenden Verwaltungsakt zugleich und unmittelbar Rechte des Dritten begründet, aufgehoben oder geändert werden (BVerwGE 168, 103).

I. Rechtmäßigkeitsvoraussetzungen für den Erlass belastender Verwaltungsakte

> **Beispiele:** **193**
> Der Vermieter eines Spielhallenbetreibers hat ein hinreichendes rechtliches Interesse am Ausgang des Genehmigungsverfahrens für den Betrieb der Spielhalle, um eine ermessensfehlerfreie Entscheidung der Verwaltungsbehörde über eine von ihm beantragte Hinzuziehung zu diesem Verwaltungsverfahren zu verlangen (einfache Hinzuziehung).
> Ein Verwaltungsverfahren über die Bewilligung von Sonntagsarbeit in einem Callcenter hat für die Kirchen rechtsgestaltende Wirkung wegen der möglichen Beeinträchtigung ihrer Rechte aus Art. 4 Abs. 1 und 2 GG und Art. 140 GG i. V. m. Art. 139 WRV (notwendige Hinzuziehung).

Wer zu Unrecht entgegen § 13 Abs. 2 VwVfG nicht zum Verfahren hinzugezogen wurde, kann gegen die unterbliebene Beiziehung gerichtlich vorgehen. § 44a VwGO steht dem nicht entgegen, weil die Verfahrenshandlung gegen einen Nichtbeteiligten ergeht und damit unter den Ausnahmetatbestand des § 44a Satz 2 VwGO fällt (BVerwGE 168, 103). **194**

> Die Stellung als Beteiligter ist in verwaltungsrechtlichen Klausuren regelmäßig im Zusammenhang mit anderen Verfahrensvorschriften zu prüfen, z. B. im Rahmen der Prüfung der Anhörung nach § 28 VwVfG oder des Ausschlusses nach § 20 VwVfG.

Verfahrensbeteiligter nach § 13 VwVfG kann im Übrigen nur sein, wer beteiligungsfähig ist. Die **Beteiligungsfähigkeit** ist in § 11 VwVfG geregelt. Fähig, am Verfahren beteiligt zu sein, sind nach dieser Vorschrift natürliche und juristische Personen (Nr. 1), Vereinigungen, soweit ihnen ein Recht zustehen kann (Nr. 2) sowie Behörden (Nr. 3). Bei den Vereinigungen i. S. v. § 11 Nr. 2 VwVfG handelt es sich um Personenmehrheiten, die zwar keine juristischen Personen sind, denen aber dennoch ein Recht zu stehen kann, wie dies z. B. bei den Ortsverbänden der politischen Parteien oder einer Wohnungseigentümergemeinschaft nach dem WEG der Fall sein kann. **195**

Von der Beteiligungsfähigkeit ist die Fähigkeit zu unterscheiden, in einem Verwaltungsverfahren Verfahrenshandlungen vorzunehmen (**Handlungsfähigkeit**). Zu diesen Verfahrenshandlungen gehört z. B. das Stellen von Anträgen oder das Abgeben einer Erklärung. Wer handlungsfähig ist, ist in § 12 VwVfG geregelt. Die Vorschrift lehnt sich an die Geschäftsfähigkeitsregeln des bürgerlichen Rechts an. Bei Geschäftsunfähigen werden Verfahrenshandlungen daher durch ihre gesetzlichen Vertreter vorgenommen. **196**

Die Unterscheidung der Handlungs- von der Beteiligungsfähigkeit ist im gesamten Verwaltungsverfahren zu beachten. So können insbesondere Minderjährige zwar Beteiligte und damit Adressaten eines Verwaltungsaktes sein, die Bekanntgabe erfolgt aber an die gesetzlichen Vertreter.

197 Nach § 14 VwVfG kann sich ein Beteiligter durch einen **Bevollmächtigten** vertreten lassen. Ist ein Bevollmächtigter bestellt, so soll sich die Behörde an ihn wenden (§ 14 Abs. 3 VwVfG).

Wird ein Verwaltungsakt zugestellt, so ist die spezialgesetzliche Regelung in § 7 Abs. 1 Satz 2 VwZG zu beachten, wonach Zustellungen zwingend an den Bevollmächtigten zu richten sind, wenn er schriftliche Vollmacht vorgelegt hat (siehe Rn. 411).

198 (3) **Verfahrensdurchführung.** Das Verwaltungsverfahren ist nach § 10 VwVfG nicht an bestimmte Formen gebunden, soweit keine besonderen Rechtsvorschriften für die Form des Verfahrens bestehen; es ist einfach, zweckmäßig und zügig durchzuführen (zu behördlichen Entscheidungsfristen siehe Rn. 354).

199 In diesem Zusammenhang kommt dem Einsatz **elektronischer Kommunikationsmittel** besondere Bedeutung zu. Grundlegende Regelungen hierzu finden sich zunächst in § 3a VwVfG sowie in den **E-Government-Gesetzen** des Bundes und der Länder:

200 Voraussetzung für die Übermittlung *elektronischer Dokumente* (z. B. über E-Mail, SMS) ist nach § 3a Abs. 1 VwVfG, dass der Empfänger hierfür einen **Zugang** eröffnet hat. *Behörden* sind gem. § 2 EGovG verpflichtet, einen solchen Zugang zu eröffnen (in den Ländern enthalten die meisten E-Government-Gesetze entsprechende Verpflichtungen, vgl. *U. Müller*, in: Bader/Ronellenfitsch, § 3a Rn. 3a). Für den Bürger kann eine solche Verpflichtung nicht ohne Weiteres angenommen werden. Die Eröffnung eines Zugangs ist insoweit regelmäßig freiwillig (Ausnahmen werden z. B. für Online-Zulassungsverfahren von Universitäten oder Umsatzsteuer-Voranmeldungen angenommen). Die elektronische Kommunikation mit dem Bürger setzt insoweit voraus, dass sich dieser mit der Verwendung seiner Mailadresse für die Behördenkommunikation einverstanden erklärt hat (*Schönenbroicher*, in: Mann/Sennekamp/Uechtritz, § 37 Rn. 128). Anders als bei Behörden, Unternehmen oder einem Rechtsanwalt wird beim Bürger die bloße Angabe einer E-Mail-Adresse auf seinem Briefkopf noch nicht dahingehend verstanden werden können, dass er damit seine Bereitschaft zum Empfang von rechtlich verbindlichen Erklärungen kundtut

I. Rechtmäßigkeitsvoraussetzungen für den Erlass belastender Verwaltungsakte

(*Schlatmann*, in: Engelhardt/App/Schlatmann, § 5 Rn. 13). Hat sich der Bürger jedoch selbst per Mail an die Behörde gewandt, darf diese ihm auch auf diesem Weg antworten.

> Dabei ist die „einfache" elektronische Kommunikation von der elektronischen Form nach § 3a **Abs. 2** VwVfG zu unterscheiden, die – neben der Eröffnung des Zugangs – weitere Anforderungen stellt, soweit durch die elektronische Form eine gesetzlich vorgesehene **Schriftform ersetzt werden soll**.

201 Die **schriftformersetzende elektronische Form** nach § 3a Abs. 2 VwVfG stellt sich derzeit noch als Herausforderung für die Verwaltungspraxis dar. Soweit im Fachrecht Schriftformerfordernisse vorgesehen sind, ist die Verwaltung auf die in § 3a Abs. 2 VwVfG aufgeführten technischen Varianten beschränkt. Dadurch soll gewährleistet werden, dass die schriftformersetzende elektronische Form deren Funktionen zumindest im Wesentlichen erfüllt (vgl. hierzu *Hornung*, in: Schoch/Schneider, § 3a Rn. 72 ff.). So kann das elektronische Dokument zum einen mit einer *qualifizierten elektronischen Signatur* versehen werden (§ 3a Abs. 2 Satz 1 VwVfG). Weitere schriftformersetzende Varianten finden sich in § 3a Abs. 2 Satz 4 VwVfG (elektronisches Formular, das über ein Eingabegerät oder öffentlich zugängliche Netze zu Verfügung gestellt wird (Nr. 1), Postfach- und Versanddienst nach dem De-Mail-Gesetz (Nr. 2 und 3) sowie sonstige sichere Verfahren (Nr. 4). Eine flächendeckende Verbreitung dieser Formen ist bislang noch nicht erkennbar.

202 Zu einer weiteren Digitalisierung von Verwaltungsleistungen wird das Gesetz zur Verbesserung des Onlinezugangs zu Verwaltungsleistungen (**Onlinezugangsgesetz – OZG**) führen, das Bund, Länder und Kommunen verpflichtet, bestimmte Verwaltungsleistungen über Verwaltungsportale auch digital anzubieten. Ein Portalverbund soll die technische Plattform zu Verfügung stellen, auf der die Verwaltungsleistung schnell und einfach erreicht werden kann. Von zentraler Bedeutung für den Erfolg der Digitalisierungsbemühungen wird dabei sein, *alle Verfahrensschritte* (Antrag, Vorlage von Dokumenten, Kommunikation während eines Verwaltungsverfahrens, Anhörung nach § 28 VwVfG, Akteneinsicht nach § 29 VwVfG, Gebühreneinzug, Bescheide) zu digitalisieren (vgl. *Schulz*, RDi 2021, 377 ff., 378).

203 Verpflichtende Regelungen zur elektronischen Vorgangsbearbeitung und Kommunikation enthalten die **E-Government-Gesetze** des Bundes und der Länder. Die darin enthaltenen Regelungen ergänzen die Verwaltungsverfahrensgesetze (und dürften mittelfristig in diese zu integrieren sein). Neben der Verpflichtung zur Eröffnung eines Zugangs für die elektronische Kommunikation sind insoweit vor allem die *elektronische Aktenführung* (§ 6 EGovG) und die *Akteneinsicht* (§ 8 EGovG) zu nennen (vgl. hierzu Rn. 205 ff. und 233).

204 Das Verwaltungsverfahren ist – ebenso wie das nachfolgende Verfahren vor dem Verwaltungsgericht – vom **Amtsermittlungsgrundsatz** (Untersuchungsgrundsatz) geprägt. Die Behörde ermittelt den Sachverhalt von Amts wegen und ist nicht an das Vorbringen und die Beweisanträge der Beteiligten gebunden (vgl. § 24 Abs. 1 Sätze 1 und 2 LVwVfG). Die Behörde hat dabei alle für den Einzelfall bedeutsamen, auch die für die Beteiligten günstigen Umstände zu berücksichtigen (§ 24 Abs. 2 VwVfG). Das Verwaltungsverfahren unterscheidet sich dadurch vom Zivilprozess, in dem der sog. Beibringungsgrundsatz (auch: Verhandlungsgrundsatz) gilt und in dem die Parteien bestimmen, welchen Sachverhalt sie dem Gericht zur Entscheidung vortragen. Nach § 26 Abs. 1 VwVfG kann sich die Behörde dabei der *Beweismittel* bedienen, die sie nach pflichtgemäßem Ermessen zur Ermittlung des Sachverhalts für erforderlich hält (insbesondere Einholung von Auskünften, Anhörung von Beteiligten, Zeugen und Sachverständigen, Beiziehung von Urkunden und Akten sowie Einnahme eines Augenscheins).

205 Die Behörde ist darüber hinaus zur **Aktenführung** verpflichtet. Dadurch wird das Verwaltungshandeln transparent und kontrollierbar. Darüber hinaus ist die Aktenführung auch Grundlage für ein gleichmäßiges Verwaltungshandeln. Die Aktenführung muss den Grundsätzen der *Aktenwahrheit und -vollständigkeit* genügen, d. h. die Ergebnisse der Sachverhaltsermittlung müssen dokumentiert werden und es muss ersichtlich sein, wer auf die Entscheidung Einfluss genommen hat. Es dürfen auch keine Dokumente aus der Akte entfernt werden. Die Akte muss außerdem *verständlich* sein, was regelmäßig Übersichtlichkeit voraussetzt. Schließlich muss auch die *Aktenbeständigkeit* gewahrt sein, was nachträgliche Manipulationen an der Akte ausschließt und eine langfristige Sicherung erfordert (vgl. *Kallerhof/Mayen*, in: Stelkens/Bonk/Sachs, § 29 Rn. 29 ff.).

206 Diese Grundsätze der Aktenführung gelten auch für die elektronische Akte. Nach § 6 E-Government-Gesetz des Bundes besteht seit 2020 eine grundsätzliche **Pflicht zur elektronischen Aktenführung** (die E-Government-Gesetze der Länder enthalten teilweise abweichende Fristen, in Baden-Württemberg gilt § 6 Abs. 1 E-GovG BW z. B. ab dem 1.1.2022). Besondere Bedeutung kommt dabei dem Grundsatz der Aktenbeständigkeit zu.

I. Rechtmäßigkeitsvoraussetzungen für den Erlass belastender Verwaltungsakte

Im gesamten Verwaltungsverfahren sind darüber hinaus die **Anforderungen des Datenschutzes** zu beachten (vgl. hierzu *Martens*, in: Schweickhardt/Vondung/Zimmermann-Kreher, Rn. 898 ff.). Soweit § 30 VwVfG bestimmt, dass die Beteiligten einen Anspruch darauf haben, dass ihre Geheimnisse, insbesondere die zum persönlichen Lebensbereich gehörenden Geheimnisse sowie die Betriebs- und Geschäftsgeheimnisse, von der Behörde nicht unbefugt offenbart werden dürfen, hat dies heute vor allem für den Schutz von *Betriebs- und Geschäftsgeheimnissen* Bedeutung. Im Bereich der Geheimnisse des *persönlichen Lebensbereichs* wird die Vorschrift inzwischen weitgehend durch das allgemeine und besondere Datenschutzrecht verdrängt (*Schneider*, in: Schoch/Schneider, § 30 Rn. 1).

207

> Die Landesverwaltungsverfahrensgesetze enthalten (soweit sie nicht auf das VwVfG des Bundes verweisen) vielfach übereinstimmende Regelungen. In Baden-Württemberg, Berlin, Brandenburg, Hamburg und Nordrhein-Westfalen wurde jedoch im Vorgriff auf letztlich gescheiterte bundesweite Überlegungen der jeweilige § 30 gestrichen und durch Regelungen vor dem für Verwaltungsverfahren geltenden Teil II ersetzt (vgl. im Einzelnen *Schneider*, in: Schoch/Schneider, § 30 Rn. 9). So wird z. B. in § 3b Satz 1 VwVfG BW die unbefugte Verarbeitung personenbezogener Daten untersagt.

Die in den Mitgliedstaaten der Europäischen Union unmittelbar geltende Verordnung (EU) 2016/679 (*Datenschutzgrundverordnung – DSGVO*) ist von allen öffentlichen Stellen zu beachten. Soweit sie Öffnungsklauseln für den nationalen Gesetzgeber vorsieht, enthalten das Bundesdatenschutzgesetz ergänzende Regelungen für öffentliche Stellen des Bundes sowie nichtöffentliche Stellen sowie die Landesdatenschutzgesetze für öffentliche Stellen des Landes.

208

> Sowohl das Bundesdatenschutzgesetz als auch die Landesdatenschutzgesetze stellen daher keine umfassenden Regelwerke mehr dar, sondern enthalten lediglich Ergänzungen der DSGVO.

Außerhalb des Anwendungsbereichs der DSGVO ist – neben weiteren bereichsspezifischen Regelungen – insbesondere die Richtlinie (EU) 2016/680 für den Bereich Justiz und Inneres zu beachten, die durch eine Anpassung der *Polizeigesetze der Länder* sowie die *Landesdatenschutzgesetze für Justiz- und Bußgeldbehörden* in nationales Recht umgesetzt wurde.

209

(4) Beratungs- und Auskunftspflicht (§ 25 Abs. 1 VwVfG). Schließlich obliegt der Behörde nach § 25 Abs. 1 VwVfG eine Beratungs- und Betreuungs- sowie

210

eine Auskunftspflicht. Eine Verletzung dieser Pflichten kann zu Amtshaftungsansprüchen führen.

211 **(5) Fristen und Termine; Wiedereinsetzung (§§ 31, 32 VwVfG).** Im Interesse der Rechtssicherheit bzw. der Verfahrensbeschleunigung sind kraft Gesetzes oder aufgrund behördlicher Anordnung oft Fristen (Zeitdauer) oder Termine (Zeitpunkt) zu beachten. § 31 Abs. 1 VwVfG bestimmt, dass für ihre *Berechnung* die *§§ 187 bis 193 BGB* entsprechend gelten. In § 31 Abs. 2 bis 7 VwVfG sind Modifikationen dazu vorgesehen.

212 War jemand *ohne Verschulden verhindert*, eine *gesetzliche* Frist einzuhalten, so ist ihm auf Antrag Wiedereinsetzung in den vorigen Stand zu gewähren (§ 32 Abs. 1 Satz 1 VwVfG). Der Antrag ist innerhalb von zwei Wochen nach Wegfall des Hindernisses zu stellen und innerhalb der Antragsfrist die versäumte Handlung nachzuholen (vgl. § 32 Abs. 2 VwVfG). Wird Wiedereinsetzung gewährt, so ist der Betroffene so zu stellen, als hätte er die Frist eingehalten.

213 Fristen, die *von einer Behörde* gesetzt sind, können nach Ermessen verlängert werden (vgl. § 31 Abs. 7 VwVfG).

214 **(6) Verfahrensende.** Kommt die Behörde nach ihrer Prüfung zu dem Ergebnis, dass die beabsichtigte (bei Ermessensentscheidungen: als zweckmäßig erachtete) Anordnung rechtmäßig ergehen kann bzw. muss, wird am Ende des Verwaltungsverfahrens eine entsprechende Sachentscheidung stehen. Diese Sachentscheidung ist in Form eines *Bescheides* umzusetzen. Denkbar ist auch, dass sich die Angelegenheit anderweitig erledigt und das Verfahren daher eingestellt wird.

215 **bb) Einzelne Verfahrensgrundsätze und Formvorschriften.** Den nachfolgenden Verfahrens- und Formvorschriften kommt im Verwaltungsverfahren besondere Bedeutung zu.

216 **(1) Mitwirkungsverbote (Ausschluss und Befangenheit).** §§ 20 und 21 VwVfG enthalten Regelungen über ein Verbot der Mitwirkung von Behördenmitarbeitern. Sie sollen sicherstellen, dass das Verwaltungsverfahren sachlich und unparteiisch geführt wird. Während § 20 VwVfG eine Regelung über den *gesetzlichen* Ausschluss von Behördenmitarbeitern für die dort aufgeführten Ausschlusstatbestände enthält, besteht das Mitwirkungsverbot des § 21 VwVfG wegen Befangenheit nicht kraft Gesetzes, sondern erst infolge einer entsprechenden *Anordnung des Behördenleiters*.

I. Rechtmäßigkeitsvoraussetzungen für den Erlass belastender Verwaltungsakte

Da § 20 VwVfG die weitergehende Rechtsfolge enthält, sollte diese Vorschrift immer zuerst geprüft werden.

Die gesetzlichen Ausschlusstatbestände des § 20 Abs. 1 VwVfG gehen dabei von einem Näheverhältnis des Behördenmitarbeiters zum Verfahren aus. Dieses Näheverhältnis beruht bei **Nr. 1 bis Nr. 5** auf der Beteiligtenstellung des Behördenmitarbeiters bzw. einer Nähe zum **Beteiligten**. Dabei ist der Beteiligtenbegriff des § 13 VwVfG maßgeblich (siehe dazu Rn. 187 ff.). Dem Beteiligten steht außerdem nach § 20 Abs. 1 Satz 2 VwVfG gleich, wer durch die Tätigkeit oder durch die Entscheidung einen **unmittelbaren Vor- oder Nachteil** erlangen kann; dies gilt aber nicht, wenn der Vor- oder Nachteil nur darauf beruht, dass jemand einer Berufs- oder Bevölkerungsgruppe angehört, deren gemeinsame Interessen durch die Angelegenheit berührt werden (§ 20 Abs. 1 Satz 3 VwVfG). Soweit die Ausschlusstatbestände auf eine **Angehörigeneigenschaft** des Behördenmitarbeiters abstellen, enthält § 20 Abs. 5 VwVfG eine Legaldefinition. **217**

Im Unterschied zu § 20 VwVfG führt **Befangenheit** im Sinne von § 21 VwVfG nicht zu einem Ausschluss kraft Gesetzes, sondern setzt eine entsprechende *Anordnung des Behördenleiters* voraus. Nach § 21 Abs. 1 Satz 1 VwVfG ist Befangenheit anzunehmen, wenn ein Grund *vorliegt oder behauptet wird*, der geeignet ist, *Misstrauen gegen eine unparteiische Amtsführung* zu rechtfertigen. Darauf, ob der Behördenmitarbeiter tatsächlich parteiisch ist, kommt es nicht an. Es soll schon dem „bösen Schein" der Befangenheit vorgebeugt werden. Dieser muss allerdings auf einem vernünftigen Grund beruhen; irrationale Erwägungen genügen nicht. Die Besorgnis der Befangenheit kann zum einen durch ein *persönliches Verhältnis* zu einem Beteiligten begründet sein, das nicht bereits unter § 20 VwVfG fällt, wie z. B. Freundschaft oder Feindschaft. **218**

Bei Verwandtschaftsverhältnissen ist zu unterscheiden: Während bei verwandtschaftlichen Bindungen, die unter § 20 VwVfG fallen, der Ausschluss kraft Gesetzes erfolgt, ist dies bei den übrigen Verwandtschaftsverhältnissen nicht automatisch der Fall. Ob tatsächlich die Besorgnis der Befangenheit besteht, bedarf dann im Rahmen des § 21 VwVfG der Feststellung im Einzelfall.

Weiter können auch *unsachliche Äußerungen* zu einer Befangenheit führen, wenn diese Zweifel an der Unvoreingenommenheit des Sachbearbeiters begründen können. **219**

220 Liegt ein Befangenheitsgrund vor, muss der Behördenmitarbeiter, der in einem Verwaltungsverfahren für die Behörde tätig werden soll, den Behördenleiter (oder einen von diesem hierfür Beauftragten) *unterrichten* und sich *auf dessen Anordnung hin* der Mitwirkung enthalten. Der Behördenleiter *muss* bei Vorliegen eines Ausschlussgrundes das Mitwirkungsverbot aussprechen (*Heßhaus*, in: Bader/Ronellenfitsch, § 21 Rn. 10). Die Entscheidung ist gerichtlich voll überprüfbar. Wirkt ein Behördenmitarbeiter am Verwaltungsverfahren mit, den der Betroffene für befangen hält, kann er dies nach § 44a VwGO aber nur gleichzeitig mit den gegen die Sachentscheidung zulässigen Rechtsbehelfen geltend machen.

221 Beispiel:
Gastwirt G beantragt eine Gaststättenerlaubnis. Eine mögliche Befangenheit des Sachbearbeiters bei der Gaststättenbehörde kann er nur geltend machen, wenn die Gaststättenerlaubnis abgelehnt wurde und er beim Verwaltungsgericht auf Erteilung der Gaststättenerlaubnis klagt.

222 (2) Anhörung. Bevor die Behörde einen belastenden Verwaltungsakt erlässt, muss der Betroffene nach § 28 VwVfG zu der beabsichtigen Maßnahme angehört werden. Für den Betroffenen bedeutet das, dass er zum einen vorab von der Maßnahme und der Argumentation der Behörde erfährt und darüber hinaus auch die Möglichkeit erhält, seine Sicht auf den Sachverhalt darzulegen und seine Argumente vorzubringen. Für die Behörde kann die Anhörung zur weiteren Klärung des Sachverhalts beitragen, ein nochmaliges Überdenken anregen und auch die Begründungsbedürftigkeit ihrer Argumentation aufzeigen.

223 Eine Anhörung ist nach § 28 Abs. 1 VwVfG grundsätzlich erforderlich, wenn ein Verwaltungsakt erlassen werden soll, der „in Rechte eines Beteiligten eingreift", also bei **belastenden** Verwaltungsakten. Anzuhören ist der **Beteiligte** i. S. v. § 13 VwVfG (siehe dazu Rn. 187 ff.), regelmäßig also der Adressat der belastenden Maßnahme, Drittbetroffene nach erfolgter Hinzuziehung gem. § 13 Abs. 2 VwVfG.

224 Von der Anhörung kann gem. § 28 Abs. 2 VwVfG nach Ermessen abgesehen werden, wenn sie nach den Umständen des Einzelfalles nicht geboten ist, insbesondere wenn einer der in Nr. 1 bis Nr. 5 aufgeführten Regelbeispiele vorliegt. Von praktischer Bedeutung ist dabei vor allem Nr. 1 (eine sofortige Entscheidung erscheint wegen Gefahr im Verzug oder im öffentlichen Interesse notwendig). **Gefahr im Verzug** liegt vor, wenn auch bei kürzester Anhörungsfrist ein Zeitverlust einträte, der mit hoher Wahrscheinlichkeit zur Folge hätte,

I. Rechtmäßigkeitsvoraussetzungen für den Erlass belastender Verwaltungsakte

dass der Zweck der beabsichtigten Maßnahme nicht mehr erreicht werden kann (BVerwG, NJW 1984, 577).

Es empfiehlt sich daher eine „Kontrollüberlegung", ob eine Anhörung zumindest noch mit kurzer Frist erfolgen kann.

225 Im **öffentlichen Interesse** ist eine sofortige Entscheidung ohne Anhörung z. B. notwendig, wenn ansonsten die Gefahr besteht, dass Beweismittel beiseitegeschafft werden.

226 Praktisch bedeutsam sind weiter das Absehen von einer Anhörung vor Erlass einer **Allgemeinverfügung** (vgl. Nr. 4) sowie vor Maßnahmen in der **Verwaltungsvollstreckung** (Nr. 5), wozu auch die Androhung von Zwangsmitteln gehört.

Das Absehen von der Anhörung nach § 28 Abs. 2 VwVfG liegt im pflichtgemäßen *Ermessen* der Behörde („*kann* abgesehen werden"). Auch wenn einer der in Nr. 1 bis Nr. 5 aufgeführten Fälle vorliegt, kann die Behörde aufgrund der Umstände des Falles dennoch zu dem Ergebnis gelangen, dass eine Anhörung zweckmäßig erscheint.

227 Ist eine Anhörung erforderlich, so bedeutet das für die Behörde, dass sie dem Betroffenen **die für die Entscheidung erheblichen Tatsachen mitteilen** und ihm **Gelegenheit zur Äußerung** dazu geben muss (vgl. § 28 Abs. 1 VwVfG). Das geschieht (auch wenn für die Anhörung keine Form vorgeschrieben ist) in der Praxis regelmäßig durch ein Anhörungsschreiben.

228 Zunächst muss die Behörde den Betroffenen über die *beabsichtigte Maßnahme* informieren. Gespräche mit dem Betroffenen über den Sachverhalt stellen daher keine Anhörung dar, soweit nicht bereits eine konkrete Maßnahme in Aussicht gestellt wurde. Die für die Anhörung relevanten Tatsachen müssen auch *von der zuständigen Behörde* mitgeteilt werden; eine anderweitige Kenntnisnahme genügt nicht. Zu den *entscheidungserheblichen Tatsachen*, die dem Betroffenen mitzuteilen sind, gehören alle Umstände, die nach der rechtlichen Einschätzung der Behörde für die Entscheidung relevant sind. Das sind zum einen die Tatsachen, die nach der herangezogenen Ermächtigungsgrundlage auf *Tatbestandsseite* vorausgesetzt werden. Darüber hinaus müssen bei Ermessensentscheidungen auch die Umstände mitgeteilt werden, die für die Behörde *für die Ausübung des Ermessens relevant* sind, insbesondere also Verhältnismäßigkeitserwägungen.

Dem Anhörungsschreiben sollte daher stets eine Prüfung der Rechtslage vorangegangen sein, auf deren Grundlage die relevanten Tatsachen und die Ermessenserwägungen mitgeteilt werden.

229 Dem Betroffenen ist weiter *Gelegenheit zur Äußerung* zu den mitgeteilten entscheidungserheblichen Tatsachen zu geben. Dazu ist ihm eine *angemessene Frist* zu setzen, die von den Umständen des Einzelfalles abhängt. In komplexen Angelegenheiten, bei denen keine besondere Dringlichkeit vorliegt, wird häufig eine Äußerungsfrist von einem Monat eingeräumt. In eiligeren Fällen kann dagegen auch eine Anhörungsfrist von wenigen Tagen angemessen sein. Nicht erforderlich ist, dass der Betroffene von seinem Anhörungsrecht Gebrauch macht. Nach Ablauf der Stellungnahmefrist kann daher entschieden werden. Hat sich der Betroffene *vor* Ablauf der gesetzten Frist geäußert, kann auch vor deren Ablauf entschieden werden, sofern keine Anhaltspunkte dafür bestehen, dass noch eine weitere Äußerung erfolgen soll. In jedem Fall ist erforderlich, dass die Behörde das Vorbringen des Betroffenen zur Kenntnis nimmt und (im Rahmen der Begründung des Verwaltungsaktes) *in ihre Erwägungen einbezieht*.

230 Ergeht ein Verwaltungsakt *ohne vorherige (erforderliche) Anhörung* (oder hat die Behörde das Vorbringen des Betroffenen nicht in ihre Erwägungen einbezogen), führt dies zur *formellen Rechtswidrigkeit* des Verwaltungsaktes. Der Anhörungsfehler kann jedoch nach § 45 Abs. 1 Nr. 3 VwVfG durch **Nachholung geheilt** werden. Die Nachholung der Anhörung muss dabei grundsätzlich gleichwertig sein. Sie besteht darin, dass dem Betroffenen Gelegenheit gegeben wird, sich – schriftlich oder mündlich – zu den für die Entscheidung wesentlichen Tatsachen zu äußern. Ergeht ein *mit Gründen versehener Verwaltungsakt* mit einer *Belehrung darüber, dass dagegen innerhalb eines Monats Widerspruch* erhoben werden kann, so muss dem Betroffenen bewusst sein, dass er jetzt Gelegenheit hat, alles vorzubringen, was sich gegen den Verwaltungsakt anführen lässt, und dass er insbesondere zu den in der Verfügung verwerteten Tatsachen Stellung nehmen und weitere ihm bedeutsam erscheinende Tatsachen vortragen kann (BVerwG, NVwZ 1983, 284). Die Nachholung im Rahmen des **Widerspruchsverfahrens** erfordert dann regelmäßig keine besonderen Maßnahmen. Allerdings muss die Widerspruchsbehörde das Vorbringen des Betroffenen im Widerspruchsschreiben zur Kenntnis nehmen und in ihre Erwägungen einbeziehen (vgl. BVerwG, NVwZ 1983, 284). Im *Widerspruchsbescheid* muss sich die Behörde daher mit dem Vorbringen inhaltlich auseinandersetzen.

I. Rechtmäßigkeitsvoraussetzungen für den Erlass belastender Verwaltungsakte

Eine solche Heilung des Anhörungsfehlers im Widerspruchsverfahren setzt voraus, dass der (mit dem Widerspruch angefochtene) Ausgangsbescheid *alle entscheidungserheblichen Tatsachen* enthält. Hat die Behörde im Ausgangsbescheid eine entscheidungserhebliche Tatsache übersehen, so ist hierauf besonders hinzuweisen und Gelegenheit zur Stellungnahme zu geben.

Die Heilung eines Anhörungsmangels ist grundsätzlich auch noch **im verwaltungsgerichtlichen Verfahren** möglich (vgl. § 45 Abs. 2 VwVfG: bis zum Abschluss der letzten Tatsacheninstanz, regelmäßig also bis zum Oberverwaltungsgericht). Da eine Nachholung der Anhörung voraussetzt, dass ihre Funktion für den Entscheidungsprozess der Behörde uneingeschränkt erreicht wird, genügen Äußerungen und Stellungnahmen von Beteiligten im gerichtlichen Verfahren grundsätzlich nicht (BVerwG, NVwZ 2018, 268). Im Einzelfall kann jedoch eine Nachholung der Anhörung darin gesehen werden, dass der Betroffene in der mündlichen Verhandlung Gelegenheit erhält, sich zu den aus seiner Sicht für die behördliche Ermessensausübung maßgebenden Gesichtspunkten zu äußern und die Behörde dies zum Anlass nimmt, erneut in eine sachliche Prüfung einzutreten (vgl. BVerwG, NVwZ-RR 2016, 449). **231**

(3) Akteneinsicht. § 29 Abs. 1 VwVfG gewährt den **Beteiligten** (zum Beteiligtenbegriff vgl. Rn. 187 ff.) ein Recht auf Akteneinsicht, soweit dies zur Geltendmachung oder Verteidigung ihrer rechtlichen Interessen erforderlich ist (Ausnahmen von diesem Akteneinsichtsrecht enthält § 29 Abs. 2 VwVfG). Liegen die Voraussetzungen des § 29 Abs. 1 VwVfG vor, so steht dem Beteiligten ein Anspruch auf Akteneinsicht zu, der sich allerdings auf *das Verfahren betreffenden Akten* beschränkt. **232**

Die Durchführung der Akteneinsicht in **elektronische Akten** ist in § 8 EGovG geregelt. Danach kann zur Einsichtnahme ein Aktenausdruck zur Verfügung gestellt, die elektronischen Dokumente auf einem Bildschirm wiedergegeben, elektronische Dokumente übermittelt oder der elektronische Zugriff auf den Inhalt der Akten gestattet werden. **233**

§ 8 EGovG regelt ausschließlich die *Durchführung* der Akteneinsicht und setzt einen (auf anderen Vorschriften beruhenden) Anspruch auf Akteneinsicht voraus.

Wird die Akteneinsicht nach § 29 VwVfG zu Unrecht verweigert, liegt darin ein **Verfahrensfehler**, der zur formellen Rechtswidrigkeit der daraufhin ergehenden Sachentscheidung führt. Da die Entscheidung über die Akteneinsicht eine **234**

Verfahrenshandlung ist, kann der Betroffene die Ablehnung nur im Zusammenhang mit der Sachentscheidung angreifen (vgl. § 44a VwGO). Ein Verstoß gegen § 29 VwVfG kann – ebenso wie ein Anhörungsfehler – in entsprechender Anwendung des § 45 Abs. 1 Nr. 3 VwVfG durch Nachholung geheilt werden.

235 Neben dem auf Verfahrensbeteiligte zugeschnittenen Akteneinsichtsrecht in § 29 VwVfG enthalten weitere spezialgesetzliche Vorschriften **Informationszugangsrechte**, die von einer Beteiligtenstellung in einem Verwaltungsverfahren unabhängig sind. Hierzu gehören v. a. das **Informationsfreiheitsgesetz**, das **Umweltinformationsgesetz** sowie das **Verbraucherinformationsgesetz**. Die darin enthaltenen, jedermann zustehenden Rechte betreffen dabei die Information als solche, die grundsätzlich sowohl durch Akteneinsicht als auch durch Auskunft und Bereitstellung der gewünschten Informationen beschafft werden kann (vgl. ausführlich hierzu *Troidl*, Rn. 10, 335 ff.).

236 **(4) Mitwirkung anderer Behörden.** Häufig sind neben der „federführenden" Behörde auch weitere Behörden (aufgrund ihrer besonderen Sachkunde) beteiligt, denen gesetzliche Mitwirkungsrechte zustehen. Man spricht insoweit von *mehrstufigen* Verwaltungsakten. Diese Mitwirkungsrechte unterscheiden sich nach ihrer Bindungswirkung für die federführende Behörde. Die stärkste Wirkung hat die *Zustimmung*, deren Versagung für die federführende Behörde bindend ist. Gleiches gilt für das Erfordernis eines *Einvernehmens* (z. B. nach § 36 BauGB). Bei der Mitwirkungsform des *Benehmens* muss die federführende Behörde der anderen Behörde Gelegenheit zur Stellungnahme geben und sich um die Herstellung des Einvernehmens bemühen, sie kann sich aber aus sachlichen Gründen über eine ablehnende Stellungnahme hinwegsetzen. Ein *Anhörungsrecht* gibt der beteiligten Behörde lediglich ein Recht zur Stellungnahme und ist damit eine schwächere Beteiligungsform (vgl. zur Mitwirkung von Behörden jeweils mit weiteren Beispielen auch *Walker/Schad*, in: Schweickhardt/Vondung/Zimmermann-Kreher, Rn. 833 ff.). Eine unterbliebene Mitwirkung führt zur formellen Rechtswidrigkeit des erlassenen Verwaltungsaktes. Der Verfahrensfehler kann aber gem. § 45 Abs. 1 Nr. 5 VwVfG durch Nachholung *geheilt* werden.

237 **(5) Form.** Hinsichtlich der Form des Verwaltungsaktes sind zunächst *spezialgesetzliche Regelungen* zu beachten. So ist insbesondere in Bereichen, in denen der Rechtssicherheit besondere Bedeutung zukommt, das Erfordernis der Schriftform bzw. zunehmend auch der elektronischen Form zu finden.

I. Rechtmäßigkeitsvoraussetzungen für den Erlass belastender Verwaltungsakte

> **Beispiele:**
> Die Zusicherung bedarf nach § 38 Abs. 1 Satz 1 VwVfG der Schriftform; ebenso die Baugenehmigung (§ 58 Abs. 1 Satz 3 LBO BW; § 74 Abs. 2 Satz 1 BauO NW).

238

Sofern keine spezialgesetzliche Regelung vorhanden ist, steht die Form gem. § 37 Abs. 2 Satz 1 VwVfG im Ermessen der Verwaltung (*Formfreiheit*), d. h. der Verwaltungsakt kann schriftlich, elektronisch, mündlich oder in anderer Weise erlassen werden. Bei belastenden Verwaltungsakten gegenüber Einzelpersonen wird dabei aus Beweisgründen regelmäßig die Schriftform oder die elektronische Form zweckmäßig sein. Der mündliche Erlass von Verwaltungsakten bietet sich in Eilfällen an.

239

Ist die **Schriftform** vorgeschrieben oder von der Behörde nach Ermessen gewählt, sind die besonderen Anforderungen des § 37 Abs. 3 VwVfG zu beachten. Danach muss der Verwaltungsakt die erlassende Behörde erkennen lassen und die Unterschrift oder die Namenswiedergabe des Bearbeiters enthalten. Unterschrift oder Namenswiedergabe des Bearbeiters können abweichend davon nach § 37 Abs. 5 VwVfG fehlen, wenn ein schriftlicher Verwaltungsakt mit Hilfe automatischer Einrichtungen erlassen wird (z. B. bei Abgabenbescheiden).

240

Die **elektronische Form** ist im Gesetz nicht näher definiert. Nach wohl überwiegender Auffassung handelt es sich um einen *schriftlich formulierten* Verwaltungsakt, der in besonderer Weise – nämlich nicht papiergebunden, sondern *durch elektronische Hard- und Software* – erlassen (erzeugt) und übermittelt wird (vgl. *Schönenbroicher*, in: Mann/Sennekamp/Uechtritz, § 37 Rn. 127 f.). Das „Original" des Verwaltungsakts ist die *elektronische Nachricht*, der Datenträger ist austauschbar. Ein Druckerausdruck stellt daher nur eine Art Ablichtung dar, die selbst keine Rechtswirkungen erzeugt, es sei denn, die Behörde versendet einen formgerechten Ausdruck der Entscheidung (dann liegt Schriftform vor). Mit der mittlerweile wohl h. M. dürfte darauf abzustellen sein, ob der Ausdruck auf der Empfängerseite automatisch erfolgt: Ist dies, wie beim Telefax, der Fall, handelt es sich um einen schriftlichen Verwaltungsakt, ist dies – wie bei einer E-Mail oder SMS – nicht der Fall, um einen elektronischen Verwaltungsakt (*Schönenbroicher*, in: Mann/Sennekamp/Uechtritz, § 37 Rn. 127 f.).

241

Bei der Übermittlung elektronischer Dokumente sind die Voraussetzungen des § 3a VwVfG zur elektronischen Kommunikation zu beachten. Dabei ist es wichtig, zwischen folgenden Konstellationen zu unterscheiden:

242

- Wenn die Schriftform nicht zwingend vorgeschrieben ist, kann die Behörde nach dem Grundsatz der Formfreiheit die elektronische Form wählen. In diesem Fall ist zusätzlich (nur) *§ 3a Abs. 1 VwVfG* zu beachten, der für die Übermittlung elektronischer Dokumente verlangt, dass der Empfänger hierfür einen *Zugang* eröffnet hat (siehe Rn. 200).
- Ist (ausnahmsweise) die Schriftform vorgeschrieben, so kann die *Schriftform unter den (zusätzlichen) Voraussetzungen des § 3a Abs. 2 VwVfG ersetzt werden.* Neben der qualifizierten elektronischen Signatur sind in § 3a Abs. 2 Satz 4 VwVfG weitere Schriftformäquivalente zugelassen (siehe Rn. 201).

243 Auch für den elektronischen Verwaltungsakt gelten die Anforderungen der Erkennbarkeit der Behörde und der Namenswiedergabe des Bearbeiters (§ 37 Abs. 3 Satz 1 VwVfG). Wird die elektronische Form anstelle einer durch Rechtsvorschrift angeordneten Schriftform verwendet, muss nach § 37 Abs. 3 Satz 2 VwVfG auch das der Signatur zugrunde liegende qualifizierte Zertifikat oder ein zugehöriges qualifiziertes Attributzertifikat die erlassende Behörde erkennen lassen; eine entsprechende Regelung enthält § 37 Abs. 3 Satz 3 VwVfG für die Bestätigung nach dem De-Mail-Gesetz (näher hierzu Tiedemann, in: Bader/Ronellenfitsch, § 37 Rn. 58 ff.).

244 **Mündliche Verwaltungsakte** kommen in der Verwaltungspraxis häufig in Betracht, wenn eine sofortige Maßnahme erforderlich ist, wie z. B. im Straßenverkehr oder im Zusammenhang mit Demonstrationen. Mündliche Verwaltungsakte müssen nicht begründet werden (siehe Rn. 246).

245 Sowohl für den **mündlichen** als auch für den **elektronischen** Verwaltungsakt sieht der Gesetzgeber für den Betroffenen die Möglichkeit vor, eine **Bestätigung** zu verlangen, wenn hieran ein berechtigtes Interesse besteht und der Betroffene dies unverzüglich verlangt (vgl. § 37 Abs. 2 Sätze 2 und 3 VwVfG). Die Bestätigung erfolgt beim *mündlichen* Verwaltungsakt schriftlich oder elektronisch, beim *elektronischen* Verwaltungsakt schriftlich. An das *berechtigte Interesse* sind keine hohen Voraussetzungen zu stellen. Es genügt, wenn die Bestätigung zu Beweiszwecken nützlich ist oder eine Rechtsverfolgung erleichtert. Die Bestätigung muss *unverzüglich*, also ohne schuldhaftes Zögern verlangt werden; sie ist *kein Verwaltungsakt*, sondern dokumentiert, dass ein mündlicher bzw. elektronischer Verwaltungsakt eines bestimmten Inhalts erlassen wurde (*Stelkens*, in: Stelkens/Bonk/Sachs, § 37 Rn. 87). Sie muss gem. § 39 Abs. 1 VwVfG begründet werden.

246 **(6) Begründung.** Wird ein Verwaltungsakt **schriftlich** oder **elektronisch** erlassen (oder wird er gem. § 37 Abs. 2 Sätze 2 und 3 VwVfG schriftlich oder elektronisch

I. Rechtmäßigkeitsvoraussetzungen für den Erlass belastender Verwaltungsakte

bestätigt, siehe dazu Rn. 245), ist er mit einer Begründung zu versehen (§ 39 Abs. 1 Satz 1 VwVfG). Im Bescheid folgt die Begründung auf den Tenor der Entscheidung, der die getroffenen Regelungen enthält. In der Begründung wird nun auf diese Regelungen näher eingegangen (zu den bescheidtechnischen Anforderungen siehe die Materialien im Download-Bereich 👇).

§ 39 Abs. 1 Satz 2 VwVfG bestimmt, dass in der Begründung „die **wesentlichen tatsächlichen und rechtlichen Gründe**" mitzuteilen sind, die die Behörde zu ihrer Entscheidung bewogen haben.

247

Für die bei der formellen Rechtmäßigkeit zu prüfende Begründung nach § 39 VwVfG kommt es nur darauf an, dass die Behörde die wesentlichen tatsächlichen und rechtlichen Gründe für ihre Entscheidung benennt. Ob diese Gründe auch *inhaltlich* (materiell) rechtmäßig sind, ist an dieser Stelle der Prüfung unerheblich und wird erst bei der materiellen Rechtmäßigkeit näher untersucht.

Auch bei der Begründung ist zwischen gebundenen Entscheidungen und Ermessensentscheidungen zu unterscheiden (siehe dazu Rn. 68 ff.). Handelt es sich um eine **Ermessensentscheidung**, *soll* die Begründung auch die Gesichtspunkte erkennen lassen, von denen die Behörde bei der Ausübung ihres Ermessens ausgegangen ist (§ 39 Abs. 1 Satz 3 VwVfG). Das bedeutet, dass die Zweckmäßigkeitserwägungen der Behörde regelmäßig in die Begründung aufgenommen werden und für den Bürger die Abwägung des Für und Wider erkennbar wird. Dazu gehört vor allem die Prüfung der *Verhältnismäßigkeit* der angeordneten Maßnahme (siehe dazu näher Rn. 301 ff.).

248

Da das *formelle* Begründungserfordernis nach § 39 VwVfG von den inhaltlichen (materiellen) Anforderungen zu unterscheiden ist, ist es denkbar, dass die angegebenen Ermessenserwägungen zwar im Hinblick auf § 39 VwVfG ausreichend, inhaltlich aber *ermessensfehlerhaft* sind, was bei der *materiellen* Rechtmäßigkeit zu prüfen ist (Rn. 289 ff.).

Da es sich bei § 39 Abs. 1 Satz 3 VwVfG um eine *Soll-Vorschrift* handelt, ist die Darstellung der Ermessenserwägungen zwingend, sofern nicht ausnahmsweise ein atypischer Fall vorliegt. Ein solcher *atypischer Fall* kann insbesondere angenommen werden, wenn die im Verwaltungsakt angeordnete Maßnahme auf einer Ermächtigungsgrundlage beruht, die (ebenfalls) als Soll-Vorschrift ausgestaltet ist. In der Rechtsprechung ist darüber hinaus anerkannt, dass in Fällen, in denen die Ermächtigungsgrundlage zwar eine Ermessensentschei-

249

dung der Behörde vorsieht, aber für normal gelagerte Fälle eine bestimmte Entscheidung nahelegt („*intendiert*"), regelmäßig kein Verstoß gegen die Begründungspflicht vorliegt, wenn der Verwaltungsakt keine ausdrücklichen Ausführungen zu den Ermessenserwägungen enthält.

250 **Beispiel:**
Wird ein erlaubnispflichtiges Gewerbe ohne Erlaubnis betrieben und ist es auch nicht erlaubnisfähig (formelle und materielle Illegalität), so ist die auf § 15 Abs. 2 GewO beruhende Schließungsanordnung in der Regel ermessensgerecht (**intendiertes Ermessen**).

Die Frage, ob bei einer Rechtsvorschrift ein „intendiertes Ermessen" angenommen werden kann, ist vor allem bedeutsam, wenn ein bereits erlassener Verwaltungsakt vom Verwaltungsgericht überprüft wird. Die Annahme eines „intendierten Ermessens" führt dazu, dass eine Begründung ohne ausdrückliche Darstellung der Ermessenserwägungen nicht zur (formellen) Rechtswidrigkeit des Verwaltungsaktes führt. Bei der Erstellung des Bescheides empfiehlt es sich allerdings, vorsorglich die grundlegenden Ermessenserwägungen in die Begründung aufzunehmen, da oft schwer zu beurteilen ist, welche Rechtsvorschriften ein „intendiertes" Ermessen einräumen und die Einzelheiten dieser Rechtsfigur umstritten sind.

251 Ist die Begründung unzureichend, kann diese nachgeholt und der Begründungsfehler damit nach § 45 Abs. 1 Nr. 2 VwVfG **geheilt** werden. Das geschieht in der Verwaltungspraxis häufig durch den *Widerspruchsbescheid*. Die Heilung des Begründungsfehlers ist aber auch noch im nachfolgenden gerichtlichen Verfahren möglich (§ 45 Abs. 2 VwVfG).

Das formelle Begründungserfordernis des § 39 VwVfG ist auch insoweit von den materiellen Rechtmäßigkeitserwägungen zu unterscheiden (Rn. 294). Genügt die Begründung des Verwaltungsaktes zwar den Anforderungen des § 39 VwVfG, will die Behörde aber *inhaltlich* Gründe – insbesondere Ermessenserwägungen – nachschieben, so ist auch dies im Widerspruchsverfahren und gem. § 114 Satz 2 VwGO auch im nachfolgenden gerichtlichen Verfahren möglich.

252 § 39 Abs. 2 VwVfG enthält **Ausnahmen** von der Begründungspflicht (zur Begründungspflicht bei begünstigenden Verwaltungsakten siehe Rn. 360). Soweit § 39 Abs. 2 Nr. 2 VwVfG bestimmt, dass die Begründung in Fällen entbehrlich ist, in denen dem Betroffenen die *Auffassung der Behörde über die Sachlage bereits*

I. Rechtmäßigkeitsvoraussetzungen für den Erlass belastender Verwaltungsakte

bekannt oder auch ohne Begründung erkennbar ist, darf dies nicht zu der Annahme verleiten, dass nach erfolgter Anhörung nach § 28 VwVfG keine Begründung erforderlich ist. Denn auch nach der Anhörung sind dem Betroffenen die abschließende Stellungnahme der Behörde sowie die Bewertung der Erkenntnisse aus der Anhörung nicht automatisch bekannt. Von praktischer Bedeutung ist weiter § 39 Abs. 2 Nr. 5 VwVfG, wonach eine Begründung entbehrlich ist, wenn eine *Allgemeinverfügung öffentlich bekannt gegeben* wird.

(7) Keine Rechtmäßigkeitsvoraussetzung: Rechtsbehelfsbelehrung. § 37 Abs. 6 VwVfG sieht vor, dass einem schriftlichen oder elektronischen (bzw. einem schriftlich oder elektronisch bestätigten) Verwaltungsakt, der der Anfechtung unterliegt, eine Rechtsbehelfsbelehrung beizufügen ist. Fehlt die Rechtsbehelfsbelehrung oder ist sie unrichtig, hat dies aber nicht die Rechtswidrigkeit zur Folge, sondern bewirkt, dass anstelle der Rechtsbehelfsfrist von einem Monat (vgl. § 70 Abs. 1 bzw. § 74 Abs. 1 VwGO) die Ausschlussfrist des § 58 Abs. 2 VwGO von einem Jahr gilt.

253

3. Materielle Rechtmäßigkeit. Zu den materiellen, also den Inhalt des Verwaltungsaktes betreffenden Rechtmäßigkeitsvoraussetzungen gehören die *Tatbestandsvoraussetzungen* (Rn. 257 ff.) sowie die Vorgaben für die Heranziehung des *zulässigen Adressaten* (Rn. 272 ff.) und der *zutreffenden Maßnahme* (Rn. 281 ff.), die im Verwaltungsakt *inhaltlich hinreichend bestimmt* erkennbar sein müssen (Rn. 336 ff.).

254

Die materielle Prüfung wird vor allem durch die (unter dem Prüfungspunkt I. ermittelte, s. dazu Rn. 161 ff.) **Ermächtigungsgrundlage** geprägt. Diese muss ihrerseits **rechtsgültig** sein.

255

> In verwaltungsrechtlichen Arbeiten ist die Vereinbarkeit der Ermächtigungsgrundlage mit höherrangigem Recht in der Regel nur zu thematisieren, wenn hierfür Anhaltspunkte erkennbar sind.

Bestehen Zweifel an der Vereinbarkeit einer Norm mit höherrangigem Recht, stellt sich die Frage, ob sich die Verwaltung über die von ihr als nicht rechtsgültig angesehene Norm hinwegsetzen und diese nicht anwenden darf (sog. Verwerfungskompetenz). Formelle Gesetze können jedoch nur von Gerichten für ungültig erklärt werden. Da für den Sachbearbeiter der Behörde andererseits aber der Grundsatz der Gesetzmäßigkeit der Verwaltung gilt, ist er angehalten, sich an seine Vorgesetzten bzw. die nächsthöhere Behörde zu wenden; denn die Regierung hat ggf. die Möglichkeit, eine Normenkontrolle beim BVerfG bzw. dem Staatsgerichtshof des Landes anzustrengen.

256

257 a) **Tatbestandsvoraussetzungen der Ermächtigungsgrundlage.** Wie oben gezeigt (Rn. 62 f.) können bei einer Rechtsnorm *Tatbestand* und *Rechtsfolge* unterschieden werden. Die materielle Prüfung beginnt mit den Tatbestandsvoraussetzungen. Dabei empfiehlt sich folgende Vorgehensweise:

258 aa) **Ermitteln und Benennen der Tatbestandsvoraussetzungen.** Zunächst sind die Tatbestandsvoraussetzungen der Norm zu ermitteln und zu benennen. Bei den typischerweise konditional formulierten Ermächtigungsgrundlagen („wenn [...], dann [...]") sind also zunächst die als Voraussetzung formulierten Merkmale der Ermächtigungsgrundlage maßgeblich. Die Tatbestandsvoraussetzungen werden in der Regel *positiv* formuliert, d. h. sie müssen erfüllt sein, damit der Tatbestand greift. Gelegentlich werden Tatbestandsmerkmale aber auch *negativ* formuliert, d. h. der Tatbestand ist nur erfüllt, wenn sie nicht vorliegen.

259 Beispiel:
Abbruchsanordnung nach § 65 Abs. 1 Satz 1 LBO BW: „Der teilweise oder vollständige Abbruch einer Anlage, die im Widerspruch zu öffentlich-rechtlichen Vorschriften errichtet wurde, kann angeordnet werden, *wenn nicht auf andere Weise rechtmäßige Zustände hergestellt werden können*." – negative Tatbestandsvoraussetzung.

260 Weiter ist zu unterscheiden zwischen Tatbestandsvoraussetzungen, die *kumulativ* vorliegen müssen, und solchen, die *alternativ* ausgestaltet sind.

261 Beispiel:
§ 16 Abs. 8 StrG BW: *„Wird eine Straße ohne die erforderliche Erlaubnis benutzt oder kommt der Erlaubnisnehmer seinen Verpflichtungen nicht nach*, so kann die für die Erteilung der Erlaubnis zuständige Behörde [...]" – alternative Tatbestandsvoraussetzungen.

262 bb) **Konkretisieren der Tatbestandsvoraussetzungen.** Die so ermittelten Tatbestandsvoraussetzungen sind im Folgenden zu **konkretisieren**. Die vom Gesetzgeber verwendeten Begriffe sind also näher zu bestimmen. In manchen Fällen enthält auch das Gesetz selbst eine sog. *Legaldefinition*.

263 Beispiele:
§ 201 BauGB (Begriff der Landwirtschaft); § 2 Abs. 1 LBO BW (Begriff der baulichen Anlage).

I. Rechtmäßigkeitsvoraussetzungen für den Erlass belastender Verwaltungsakte

Falls keine gesetzliche Definition vorhanden ist, sind die Begriffe im Wege der **Auslegung** näher zu bestimmen. Das gilt vor allem für *unbestimmte Rechtsbegriffe*, die in besonderem Maße der Auslegung bedürfen (vgl. hierzu Rn. 65 ff.). Dabei kann auf folgende Auslegungsmethoden zurückgegriffen werden: 264
- *Wörtliche* (d. h. sprachlich-grammatikalische) Auslegung;
- *Systematische* Auslegung: nach der Stellung der Vorschrift im betreffenden Gesetz und der des Gesetzes innerhalb der Rechtsordnung;
- *Historische* Auslegung: unter Berücksichtigung der Entstehungsgeschichte der Norm (wie sie sich insbesondere aus den Gesetzesmaterialien ergibt);
- *Teleologische* Auslegung: nach dem *Zweck* der Vorschrift (vgl. näher Schmidt, Rn. 269 ff.). Diese Auslegungsmethode ist sowohl für Prüfungsarbeiten als auch für die Verwaltungspraxis von großer Relevanz.

Beispiel: 265
Der unbestimmte Rechtsbegriff der *gewerberechtlichen Unzuverlässigkeit* kann nach dem Sinn und Zweck des Gewerberechts (teleologische Auslegung) insbesondere dann als erfüllt angesehen werden, wenn bekannt wird, dass ein Gewerbetreibender seine steuerrechtlichen oder auch sozialversicherungsrechtlichen Pflichten verletzt oder wirtschaftlich nicht hinreichend leistungsfähig ist. Werden hingegen Straftaten oder Ordnungswidrigkeiten des Gewerbetreibenden bekannt, wird für die Zuverlässigkeitsbeurteilung regelmäßig bedeutsam sein, um welche Verfehlungen es sich handelt und ob diese einen Bezug zum ausgeübten Gewerbe haben oder nicht.

Sollten Sie in einer Fallbearbeitung bei der Gesetzesanwendung auf einen unbestimmten Gesetzesbegriff stoßen, stellen Sie bitte in ihrer Lösung ausdrücklich fest, dass es sich hierbei um einen **unbestimmten Rechtsbegriff** handelt, der der **Auslegung** im Einzelfall bedarf und **grundsätzlich gerichtlich voll überprüfbar** ist. Sodann fragen Sie sich weiter, ob es sich in dieser Fallkonstellation um einen **Ausnahmefall** handelt, bei dem der Behörde ein gerichtlich nur eingeschränkt überprüfbarer **Beurteilungsspielraum** zusteht (Rn. 67). Sollte dies – z. B. bei Prüfungsentscheidungen – ausnahmsweise der Fall sein, ist auf die reduzierte gerichtliche Kontrolldichte einzugehen und zu prüfen, ob der Verwaltung ein Fehler bei der Ausfüllung ihres Beurteilungsspielraums unterlaufen ist.

Im Gefahrenabwehrrecht wird bei der Anwendung unbestimmter Rechtsbegriffe häufig auch eine **Prognose** von der Behörde verlangt. 266

267 **Beispiel:**
Gewerberechtlich unzuverlässig ist, wer keine Gewähr dafür bietet, dass er sein Gewerbe in Zukunft ordnungsgemäß ausüben wird. Die Behörde hat daher die *in der Vergangenheit* eingetretenen Tatsachen daraufhin zu beurteilen, ob sie auf eine Unzuverlässigkeit des Gewerbetreibenden *in der Zukunft* schließen lassen.

268 Für die Auslegung und Anwendung von Tatbestandsmerkmalen werden in der Verwaltungspraxis häufig **norminterpretierende Verwaltungsvorschriften** (z. B. Steuerrichtlinien) erlassen, die nachgeordneten Behörden Interpretationshilfen geben und eine einheitliche Anwendung der Gesetze gewährleisten (*Maurer/Waldhoff*, § 24 Rn. 11). **Normkonkretisierende Verwaltungsvorschriften** gehen über die verwaltungsgerichtlich voll überprüfbare Auslegung des Gesetzes hinaus und füllen auf der Grundlage einer gesetzlichen Ermächtigung unbestimmte Rechtsbegriffe bzw. „offene" gesetzliche Tatbestände aus; im Unterschied zu den norminterpretierenden Verwaltungsvorschriften sind sie für die Verwaltungsgerichte verbindlich und müssen daher *wie eine Norm* angewandt werden (*Maurer/Waldhoff*, § 24 Rn. 12, 31 ff.).

269 **Beispiel:**
Festsetzung der Grenzwerte für verschiedene Immissionen in der TA Luft bzw. TA Lärm.

270 **cc) Subsumtion.** Auf der Grundlage der so konkretisierten Tatbestandsvoraussetzungen erfolgt die **Subsumtion**. Dabei ist der konkrete (von der Behörde ermittelte) Sachverhalt den im Gesetz abstrakt formulierten Tatbestandsvoraussetzungen zuzuordnen. „Passt" der Sachverhalt zu den Tatbestandsmerkmalen, ist der Tatbestand der Ermächtigungsgrundlage erfüllt, so dass die im Gesetz vorgesehene Rechtsfolge daran geknüpft werden kann.

271 **Beispiel:**
Die Behörde prüft eine Gewerbeuntersagung und hat den Begriff der gewerberechtlichen Unzuverlässigkeit zunächst wie unter Rn. 265 beschrieben ausgelegt. Haben Ihre Ermittlungen ergeben, dass bei dem Gewerbetreibenden G in der Vergangenheit und aktuell über einen längeren Zeitraum und in erheblichem Umfang Steuerrückstände angefallen sind und liegen keine Anhaltspunkte für ein geändertes Verhalten vor, wird die Subsumtion ergeben, dass G keine Gewähr dafür bietet, dass er sein Gewerbe in Zukunft ordnungsgemäß ausüben wird, so dass er als gewerberechtlich unzuverlässig anzusehen ist.

I. Rechtmäßigkeitsvoraussetzungen für den Erlass belastender Verwaltungsakte

b) Zulässiger Adressat. Liegen die Tatbestandsvoraussetzungen vor, so stellt sich weiter die Frage, wer (Adressat) zu was (konkrete Maßnahme) verpflichtet werden kann. Beide Gesichtspunkte können der Rechtsfolgenseite zugeordnet werden. **272**

Der Regelungsadressat darf nicht mit dem *Bekanntgabeadressaten* (z. B. gesetzliche Vertreter bei Minderjährigen) verwechselt werden. Für die Rechtmäßigkeit des Verwaltungsaktes kommt es nur auf den richtigen Regelungsadressaten an. Die Wahl des richtigen Bekanntgabeadressaten ist dagegen Voraussetzung für die Wirksamkeit des Verwaltungsaktes (Rn. 411, 431).

aa) Ermittlung des Verpflichteten. Zulässiger Adressat ist derjenige, der zu dem Verhalten verpflichtet ist, das die Behörde verlangt. In einigen Fällen ergibt sich (ausdrücklich oder sinngemäß) *aus der Ermächtigungsnorm*, an wen eine Anordnung zu richten ist. **273**

Beispiel: **274**
Die Gewerbeuntersagung nach § 35 Abs. 1 Satz 1 GewO richtet sich gegen den Gewerbetreibenden.

Bei der *Rücknahme* bzw. dem *Widerruf* eines Verwaltungsaktes (vgl. hierzu Rn. 447 ff.) folgt aus ihrem Charakter als *actus contrarius*, dass sie gegen den Adressaten des zurückgenommenen bzw. widerrufenen Verwaltungsaktes zu richten sind. **275**

Besondere Bedeutung hat die Prüfung des zulässigen Adressaten im Bereich der *Gefahrenabwehr*. Maßnahmen auf diesem Gebiet sind gegen den sog. *Störer* zu richten, d. h. gegen eine Person, die für die Gefahr oder Störung der öffentlichen Sicherheit und Ordnung verantwortlich ist. Personen, die für eine Gefahr nicht verantwortlich sind (sog. *Nichtstörer*), können nur ausnahmsweise unter den gesetzlich vorgesehenen Voraussetzungen (vgl. z. B. § 9 PolG BW; § 6 PolG NRW) verpflichtet werden. **276**

Wer Störer ist und damit Adressat eines Verwaltungsaktes auf dem Gebiet der Gefahrenabwehr sein kann, richtet sich zunächst nach *spezialgesetzlichen Regelungen*, soweit solche vorhanden sind (z. B. § 7 Abs. 2 KrWG: Erzeuger oder Besitzer von Abfall). **277**

Wenn keine spezialgesetzlichen Regelungen vorhanden sind, kann auf die *allgemeinen polizei- und ordnungsrechtlichen Grundsätze* zurückgegriffen werden. Zu unterscheiden sind dabei **278**

- der **Verhaltensstörer**, der die öffentliche Sicherheit oder Ordnung durch sein Verhalten bedroht oder stört (vgl. z. B. § 6 PolG BW; § 4 PolG NRW);

> **Beispiel:**
> F hat seinen Pkw in einer absoluten Halteverbotszone geparkt.

Nach der im Polizeirecht herrschenden *Theorie der unmittelbaren Verursachung* kommt es für die Verantwortlichkeit darauf an, ob durch das Verhalten die polizeiliche Gefahrenschwelle überschritten wurde. Auch ein *Unterlassen* kann eine Verhaltensstörereigenschaft begründen, sofern eine Rechtspflicht zum Handeln besteht (z. B. bei einer Verpflichtung zur Wegereinigung aufgrund kommunaler Satzung). Zur Rechtsfigur des *Zweckveranlassers* vgl. Goldhammer, Jura 2021, 638 ff., 641 f.

- der **Zustandsstörer**, der Eigentümer einer Sache ist (oder die tatsächliche Gewalt über eine Sache ausübt), durch deren Zustand die öffentliche Sicherheit oder Ordnung bedroht oder gestört wird (vgl. § 7 PolG BW; § 5 PolG NRW).

> **Beispiel:**
> E ist Eigentümer/Halter eines Pkw, den F (dem er seinen Wagen geliehen hat) in einer absoluten Halteverbotszone geparkt hat.

279 Für diese Verantwortlichkeit (auch Polizeipflicht genannt) spielt es mit Blick auf eine effektive Gefahrenabwehr keine Rolle, ob die Gefahr vom Pflichtigen vorsätzlich oder fahrlässig hervorgerufen wird; die Störereigenschaft ist vielmehr *verschuldensunabhängig* (vgl. BVerwG, NVwZ 2018, 427).

280 bb) **Ermessensfehlerfreie Störerauswahl.** Oft liegt eine Verantwortlichkeit für eine Gefahr oder eine Störung auch bei mehreren Personen vor. In diesem Fall bedarf es einer Störerauswahl. Dabei muss die Behörde die in § 40 VwVfG aufgeführten *Ermessensgrenzen* beachten. Sie darf sich daher nicht von zweckfremden Erwägungen leiten lassen und muss die gesetzlichen Grenzen des Ermessens einhalten. Im Übrigen ist der Maßstab für die Störerauswahl die *Effektivität der Gefahrenabwehr*. Unter mehreren Verantwortlichen ist derjenige heranzuziehen, der die Gefahr am wirksamsten, d. h. am schnellsten, verlässlichsten und gründlichsten, beseitigen kann (VGH BW, NVwZ-RR 2012, 387; vgl. ausführlich zur Problematik des richtigen Adressaten und der Störerauswahl Goldhammer, Jura 2021, 638 ff., 644 ff.).

281 c) **Zulässige Maßnahme.** Weiter ist hinsichtlich der zu treffenden Maßnahme auf Rechtsfolgenseite zwischen gebundenen Entscheidungen und Ermessens-

> **Beispiel:** **341**
> Eine Baugenehmigung wird mit der Auflage versehen, die Außenwände eines Gebäudes „*in einem landschaftlich unauffälligen Farbton zu gestalten*": Die Vorgabe ist nicht hinreichend bestimmt. Zwar hat die Behörde dem Adressaten vor dem Hintergrund der Verhältnismäßigkeit zu Recht einen Spielraum bei der Farbwahl belassen; die gewählte Formulierung lässt aber subjektiv unterschiedliche Bewertungen zu. Dies hätte durch die Angabe mehrerer zulässiger Farbtöne (zur Wahl) oder den Ausschluss bestimmter Farbtöne vermieden werden können (vgl. VGH BW, NVwZ-RR 2013, 451).

Die Anforderungen an die **bescheidtechnische Ausgestaltung** eines belastenden Verwaltungsaktes sind im Download-Bereich ⬇ näher erläutert. **342**

II. Rechtmäßigkeitsvoraussetzungen für den Erlass begünstigender Verwaltungsakte

Neben den bereits dargestellten belastenden Verwaltungsakten stellt auch der Erlass begünstigender Verwaltungsakte einen wesentlichen Teil der Verwaltungstätigkeit dar. Begünstigende Verwaltungsakte werden im Bereich der *Leistungsverwaltung* (Beispiel: Gewährung von Leistungen der Jugendhilfe), aber auch im Bereich der *Gefahrenabwehr* erlassen (Beispiel: Erteilung einer Gewerbeerlaubnis nach § 34c GewO für einen Bauträger). **343**

Das Verwaltungsverfahren findet (sofern der Antrag nicht zurückgenommen wird) regelmäßig seinen Abschluss im Erlass des begehrten begünstigenden Verwaltungsaktes oder dessen Ablehnung (jeweils durch Bescheid). In manchen Situationen wird der begünstigende Verwaltungsakt auch mit einer Nebenbestimmung versehen; die Voraussetzungen hierfür sind unter Rn. 371 ff. näher dargestellt. **344**

Wie beim Erlass belastender Verwaltungsakte erfordert auch der begünstigende Verwaltungsakt regelmäßig eine Rechtsgrundlage sowie das Vorliegen der formellen und materiellen Erlassvoraussetzungen. **345**

1. Rechtsgrundlage. Während für den Erlass belastender Verwaltungsakte aufgrund des Eingriffscharakters der Maßnahme nach dem Grundsatz des Vorbehalts des Gesetzes stets eine entsprechende Ermächtigungsgrundlage erforderlich ist, stellt sich beim Erlass begünstigender Verwaltungsakte die Frage, in welchen Fällen die Begünstigung eine Grundlage in einem formellen Gesetz **346**

finden muss. Im Bereich der *Ordnungsverwaltung* (Gefahrenabwehr) findet sich in den Fällen, in denen der Gesetzgeber bestimmte Tätigkeiten von der Erteilung einer Erlaubnis abhängig gemacht hat, für deren Erlass stets eine Rechtsgrundlage (*Gassner*, Rn. 564 mit Beispielen). Für die *Sozialleistungsverwaltung* ist der Vorbehalt des Gesetzes ausdrücklich in § 31 SGB I normiert. Praktische Bedeutung hat die Frage nach der Reichweite des Vorbehalts des Gesetzes im Bereich der Leistungsverwaltung heute noch im Bereich der Subventionen, bei denen sich die Frage stellt, inwieweit eine Ausweisung im Haushaltsplan genügt (vgl. zum Meinungsstand näher *Schmidt*, Rn. 206 ff.).

347 **2. Formelle Erlassvoraussetzungen.** Auch für den Erlass begünstigender Verwaltungsakte müssen die Vorschriften über die Zuständigkeit, das Verfahren und die Form eingehalten sein.

348 **a) Zuständigkeit.** Die sachliche Zuständigkeit ist (wie beim belastenden Verwaltungsakt) auf der Grundlage des jeweils einschlägigen Spezialgesetzes zu prüfen (vgl. hier Rn. 175 ff.). Bei der örtlichen Zuständigkeit wird – sofern keine spezialgesetzliche Regelung vorhanden ist – auf § 3 Abs. 1 VwVfG zurückgegriffen.

349 **b) Verfahren und Form.** Im Hinblick auf die einschlägigen Verfahrensregelungen ist zunächst zu beachten, dass einige Spezialgesetze für den Erlass begünstigender Verwaltungsakte auf besondere Verwaltungsverfahrensvorschriften verweisen. Neben den – praktisch nur selten zur Anwendung kommenden – **förmlichen Verwaltungsverfahren** (§§ 63 bis 71 VwVfG) ist dies vor allem das **Planfeststellungsverfahren** (§§ 73 bis 78 VwVfG), das Anwendung findet, wenn eine Planfeststellung im speziellen Gesetz angeordnet ist (§ 72 VwVfG; vgl. ausführlich hierzu *Hesselbarth/Peters*, in: Schweickhardt/Vondung/Zimmermann-Kreher, Rn. 883 ff.).

350 Beispiele:
Wasserrechtliche Planfeststellung für den Gewässerausbau (§ 68 WHG), Planfeststellungen nach §§ 17 ff. FStrG

351 Im Übrigen finden die **allgemeinen Vorschriften** über das Verwaltungsverfahren nach §§ 10 ff. VwVfG Anwendung.

352 **aa) Antrag.** Der Erlass begünstigender Verwaltungsakte erfolgt regelmäßig auf Initiative des betroffenen Bürgers. Dessen Antrag kommt dabei in folgender Hinsicht Bedeutung zu:
- Die Behörde kann nach § 22 Satz 2 Nr. 1 VwVfG *verpflichtet* sein, ein Verwaltungsverfahren durchzuführen. Ein solches Antragsrecht ergibt sich häufig aus einem Gesetz

II. Rechtmäßigkeitsvoraussetzungen für den Erlass begünstigender Verwaltungsakte

> **Beispiele:**
> Antrag auf Erteilung einer Baugenehmigung (vgl. z. B. § 53 LBO BW); Antrag nach § 10 Abs. 1 BImSchG

oder aus dem Sinn des Gesetzes, wenn der Antragsteller ein subjektiv-öffentliches Recht auf fehlerfreie Anwendung der Rechtsnorm hat (vgl. *Walker/Schad*, in: Schweickhardt/Vondung/ Zimmermann-Kreher, Rn. 820 mit Beispielen).

- Ein *fehlender* Antrag kann nach § 22 Satz 2 Nr. 2 VwVfG dazu führen, dass die Behörde *nicht tätig werden darf*, wenn der Antrag nach einer Rechtsvorschrift Voraussetzung für ein Tätigwerden ist.

> **Beispiel:**
> Die Versetzung in den Ruhestand von Lebenszeitbeamten ab Vollendung des 62. Lebensjahres nach § 52 Abs. 1 BBG setzt einen Antrag voraus. Ohne diesen Antrag darf kein Verwaltungsverfahren eingeleitet werden.

Da der Antrag eine Verfahrenshandlung darstellt, setzt sie *Handlungsfähigkeit* i. S. v. § 12 VwVfG voraus. Wird ein begünstigender Verwaltungsakt ohne den erforderlichen Antrag erlassen, ist er formell rechtswidrig; wird der Antrag nachträglich gestellt, führt dies jedoch zur *Heilung* des Fehlers gem. § 45 Abs. 1 Nr. 1 VwVfG. **353**

Nur ein *hinreichend bestimmter* Antrag kann ggf. eine Genehmigungsfiktion nach § 42a VwVfG auslösen (Rn. 368). Der Antrag ist in diesem Sinne hinreichend bestimmt, wenn die auf seiner Grundlage fingierte Genehmigung den Anforderungen des § 37 Abs. 1 VwVfG genügt (näher hierzu *Schemmer*, in: Bader/Ronellenfitsch, § 42a Rn. 5). **354**

Oft finden sich in Spezialgesetzen Fristen, die die Behörde bei der Entscheidung über einen Antrag beachten muss (z. B. § 54 Abs. 5 Satz 1 Alt. 1 LBO BW bzw. § 71 Abs. 6 BauO NRW jeweils für die Entscheidung über einen Bauantrag). Eine Genehmigungsfiktion lösen diese aber nur aus, wenn dies durch Rechtsvorschrift ausdrücklich angeordnet ist. Im Übrigen gilt nach § 10 Satz 2 VwVfG der Grundsatz, dass Verfahren zügig durchzuführen sind. Entscheidet die Behörde über einen Antrag ohne zureichenden Grund nicht in angemessener Frist, kann nach drei Monaten Untätigkeitsklage beim Verwaltungsgericht erhoben werden (vgl. § 75 VwGO).

bb) Anhörung. Wird ein begünstigender Verwaltungsakt antragsgemäß erteilt, ist keine Anhörung nach § 28 VwVfG erforderlich. Ob eine Anhörung vor der **355**

Ablehnung eines begünstigenden Verwaltungsaktes erforderlich ist, ist umstritten. Aufgrund des Wortlauts der Vorschrift („der in Rechte eines Beteiligten eingreift") hält die Rechtsprechung eine Anhörung vor der Ablehnung eines begünstigenden Verwaltungsaktes nicht für erforderlich (BVerwG, NJW 1983, 2044). In der Verwaltungspraxis wird sie dennoch im Interesse eines bürgerfreundlichen Verwaltungshandelns häufig vorgenommen.

356 cc) **Form.** Ob der begünstigende Verwaltungsakt einer besonderen Form bedarf, ist dem einschlägigen Spezialgesetz zu entnehmen. Da dem Nachweis von Begünstigungen besondere Bedeutung zukommt, unterliegen begünstigende Verwaltungsakte oft besonderen Formvorgaben.

357 Die Ausstellung einer **Urkunde** dient regelmäßig Beweis- und Legitimationszwecken (z. B. Führerschein, Gaststättenerlaubnis, Spätaussiedlerbescheinigung). In einigen Fällen hat der Gesetzgeber der Aushändigung einer Urkunde darüber hinaus konstitutive Bedeutung zugesprochen; (nur) in diesen Fällen führt ein Verstoß zur Nichtigkeit des Verwaltungsaktes.

358 **Beispiel:**
Eine Beamtenernennung ohne Aushändigung der Ernennungsurkunde ist gem. § 11 Abs. 1 Nr. 1 BeamtStG nichtig.

359 Für weitere Bereiche hat der Gesetzgeber die **Schriftform** angeordnet (z. B. für die Baugenehmigung). In diesen Fällen kann die Behörde (im Unterschied zur Urkunde) über die Ausgestaltung der Erlaubnis entscheiden (*Gassner*, Rn. 605). Die Schriftform kann durch die elektronische Form nur unter den Voraussetzungen des § 3a Abs. 2 VwVfG ersetzt werden. Sieht das Gesetz vor, dass eine Erlaubnis *schriftlich oder elektronisch* erteilt wird, so ist mit *elektronisch* die einfache elektronische Form (z. B. E-Mail) gemeint, nicht die schriftformersetzende nach § 3a Abs. 2 VwVfG (*Gassner*, Rn. 605). Soweit keine spezialgesetzlichen Vorgaben bestehen, besteht grundsätzlich *Formfreiheit* (§ 37 Abs. 2 VwVfG), wobei die schriftliche oder zumindest einfache elektronische Form in der Regel zweckmäßig sein wird.

360 dd) **Begründung.** Wird ein begünstigender Verwaltungsakt antragsgemäß erteilt, bedarf es keiner Begründung, soweit er *nicht in Rechte eines anderen eingreift* (vgl. § 39 Abs. 2 Nr. 1 VwVfG). Bei Verwaltungsakten mit Drittwirkung ist diese Voraussetzung daher nicht erfüllt. Die Begründung ist weiter nicht entbehrlich, wenn die Behörde dem Antrag nur teilweise entspricht oder den Verwaltungsakt unter Beifügung einer Nebenbestimmung erlässt.

Spezialgesetzliche Regelungen, die § 39 VwVfG vorgehen, finden sich insbesondere für die Baugenehmigung (vgl. z. B. § 58 Abs. 1 Satz 5 LBO BW; § 74 Abs. 2 Satz 2 BauO NRW).

ee) Weitere Verfahrensvorschriften. Hinsichtlich des Rechts auf Akteneinsicht, der Mitwirkung anderer Behörden sowie der Beachtung des Datenschutzes kann auf die Ausführungen unter Rn. 232 ff. und 207 ff. verwiesen werden.

3. Materielle Erlassvoraussetzungen. In materieller (inhaltlicher) Hinsicht müssen zunächst die **Tatbestandsvoraussetzungen** der Rechtsgrundlage vorliegen. Insoweit kann auf die Ausführungen unter Rn. 257 ff. verwiesen werden.

Sind die Tatbestandsvoraussetzungen der Rechtsgrundlage *nicht* erfüllt, prüft die Behörde, ob sie dem Antrag unter Beifügung einer **Nebenbestimmung** stattgeben kann, durch die die Genehmigungsfähigkeit erreicht werden kann (siehe hierzu Rn. 371 ff.). Ist dies nicht der Fall, ist der Antrag abzulehnen.

Liegen die Tatbestandsvoraussetzungen vor, ist auf der **Rechtsfolgenseite** danach zu unterscheiden, ob es sich um eine *gebundene* Entscheidung handelt, auf die der Bürger einen Anspruch hat (Beispiel: Anspruch auf Erteilung einer Baugenehmigung, z. B. § 58 Abs. 1 Satz 1 LBO BW, § 74 Abs. 1 BauO NRW) oder ob die Erteilung im *Ermessen* der Behörde liegt. In diesem Fall bedarf es einer Entscheidung nach pflichtgemäßem Ermessen (Beispiel: Erteilung einer Sondernutzungserlaubnis, z. B. § 16 Abs. 2 StrG BW; § 18 Abs. 2 StrWG NRW).

Liegt ein Fall einer Ermessensreduzierung auf Null vor (Rn. 323 ff.), steht dem Bürger wie bei einer gebundenen Entscheidung ein Anspruch auf Erlass des begünstigenden Verwaltungsaktes zu.

4. Erlass des begünstigenden Verwaltungsaktes. Steht dem Bürger ein Anspruch auf Erteilung des begünstigenden Verwaltungsaktes zu oder gibt die Behörde dem Antrag nach pflichtgemäßem Ermessen vollumfänglich statt, wird der begehrte Verwaltungsakt ohne Begründung erlassen, soweit er *nicht in Rechte Dritter eingreift* (Rn. 360). In diesem Fall ist auch eine Rechtsbehelfsbelehrung entbehrlich, da der Verwaltungsakt nicht der Anfechtung unterliegt (vgl. § 37 Abs. 6 VwVfG). Anders verhält es sich, wenn dem Verwaltungsakt eine Nebenbestimmung beigefügt wurde.

Bei der Formulierung des Tenors ist auf die hinreichende Bestimmtheit (§ 37 Abs. 1 VwVfG) zu achten. Der Inhalt einer Genehmigung muss daher präzise bestimmt sein.

5. Genehmigungsfiktion (§ 42a VwVfG). Unabhängig von einer positiven Entscheidung über einen Antrag sieht § 42a Abs. 1 VwVfG vor, dass eine beantragte Genehmigung nach Ablauf einer für die Entscheidung festgelegten Frist **als erteilt gilt**, wenn dies *durch Rechtsvorschrift angeordnet* und der *Antrag* hinreichend bestimmt ist (Rn. 354). Soweit durch Rechtsvorschrift nichts Abweichendes bestimmt ist, beträgt die Frist drei Monate (§ 42a Abs. 2 Satz 1 VwVfG). Eine Genehmigungsfiktion ist nur möglich, wenn dies spezialgesetzlich ausdrücklich angeordnet ist.

 Spezialgesetzliche Regelungen, die eine Genehmigungsfiktion vorsehen, finden sich z. B. in § 6a GewO (Genehmigungsfiktion bei bestimmten erlaubnispflichtigen Gewerbebetrieben) und § 10 Abs. 1 HwO (Eintragung in die Handwerksrolle)

369 Als Rechtsfolge ordnet § 42a VwVfG die Fiktion der Genehmigung an. Diese erstreckt sich allein auf die *Wirksamkeit* (siehe hierzu Rn. 389 ff.) des fingierten Verwaltungsaktes, nicht auf dessen Rechtmäßigkeit (*Schemmer*, in: Bader/Ronellenfitsch, § 42a Rn. 8). Eine Aufhebung der fingierten Genehmigung ist nach Maßgabe der §§ 48, 49 VwVfG möglich.

370 **6. Ablehnender Bescheid.** Liegen die Tatbestandsvoraussetzungen der Rechtsgrundlage nicht vor oder entscheidet sich im Falle einer Ermessensnorm die Behörde nach pflichtgemäßem Ermessen gegen die Erteilung des beantragten Verwaltungsaktes, ergeht ein begründeter und mit einer Rechtsbehelfsbelehrung versehener Ablehnungsbescheid (Hinweise zu den **bescheidtechnischen Anforderungen** befinden sich im Download-Bereich ⚑).

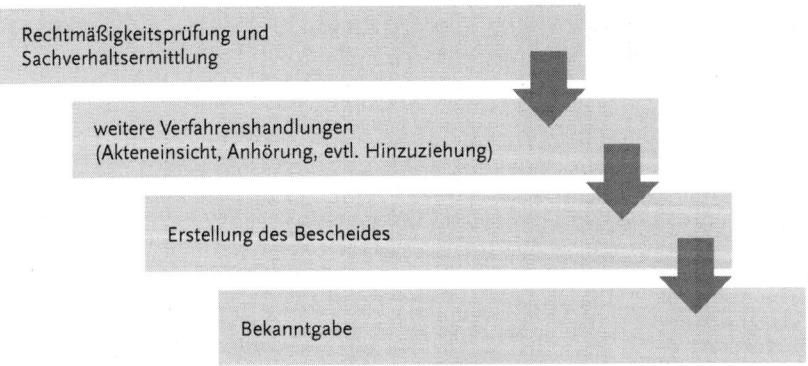

Abb. 7: Verfahrensabschluss

III. Nebenbestimmungen zum Verwaltungsakt

Verwaltungsakte können nach § 36 VwVfG mit Nebenbestimmungen versehen werden. Dabei handelt es sich um Zusätze, die den Hauptverwaltungsakt ergänzen. Nebenbestimmungen sind vom Hauptverwaltungsakt im Sinne einer *strengen Akzessorietät* abhängig, d. h. sie „stehen und fallen" mit diesem.

371

Spezialgesetzliche Regelungen, die § 36 VwVfG vorgehen, finden sich z. B. in § 5 GastG sowie § 12 BImSchG

1. **Arten von Nebenbestimmungen.** Die verschiedenen Arten von Nebenbestimmungen sind in § 36 Abs. 2 VwVfG genannt:
- **Befristung** (§ 36 Abs. 2 Nr. 1 VwVfG): Eine Vergünstigung oder Belastung beginnt oder endet zu einem bestimmten Zeitpunkt bzw. gilt für einen bestimmten Zeitraum;
- **Bedingung** (§ 36 Abs. 2 Nr. 2 VwVfG): Der Eintritt oder Wegfall einer Vergünstigung oder Belastung hängt von dem ungewissen Eintritt eines zukünftigen Ereignisses ab;
- **Widerrufsvorbehalt** (§ 36 Abs. 2 Nr. 3 VwVfG): Die Behörde behält sich den Widerruf des Verwaltungsaktes vor;
- **Auflage** (§ 36 Abs. 2 Nr. 4 VwVfG): Bestimmung, durch die dem Begünstigten ein Tun, Dulden oder Unterlassen vorgeschrieben wird;
- **Auflagenvorbehalt** (§ 36 Abs. 2 Nr. 5 VwVfG): Die Behörde behält sich vor, nachträglich eine Auflage aufzunehmen, zu ändern oder zu ergänzen.

372

Beim **Widerrufsvorbehalt** ist zu beachten, dass dieser strengen Anforderungen unterliegt und die Verwaltung einen Verwaltungsakt nicht einfach vorsorglich mit einer solchen Nebenbestimmung versehen kann. Im Widerrufsvorbehalt müssen insbesondere die späteren Widerrufsgründe genannt werden oder zumindest den Begleitumständen zu entnehmen sein (vgl. *Haug*, Rn. 918).

373

Schwierigkeiten bereitet oft die **Abgrenzung zwischen Bedingung und Auflage.** Diese unterscheiden sich zum einen hinsichtlich der Folgen des Nichteintritts bzw. der Nichterfüllung, zum anderen hinsichtlich ihrer Durchsetzbarkeit. Der Nichteintritt der Bedingung hat zur Folge, dass der Hauptverwaltungsakt nicht wirksam wird; der Eintritt der Bedingung kann von der Behörde aber nicht herbeigeführt („erzwungen") werden (*Die Bedingung suspendiert, aber zwingt nicht*).

374

375 **Beispiel:**
Eine Baugenehmigung wird mit der Bedingung versehen, den Nachweis über die Standsicherheit zu erbringen. Die Behörde kann den Eintritt dieser Bedingung nicht erzwingen; die Baugenehmigung wird aber erst wirksam, wenn der Nachweis erbracht ist.

376 Bei der Auflage ist der Hauptverwaltungsakt dagegen unabhängig von der Erfüllung der Auflage wirksam; die Auflage kann von der Behörde im Wege der Verwaltungsvollstreckung durchgesetzt werden (*Die Auflage zwingt, aber suspendiert nicht*).

377 **Beispiel:**
Eine Baugenehmigung für eine Restaurant- und Clubanlage wird mit der Auflage erteilt, dass drei barrierefreie WCs für mobilitätsbehinderte Menschen herzustellen sind. Die Wirksamkeit der Baugenehmigung ist von der Erfüllung der Auflage nicht abhängig; die Erfüllung der Auflage kann aber von der Verwaltung zwangsweise durchgesetzt werden.

378 Für die Abgrenzung zwischen Bedingung und Auflage ist maßgeblich, was die Behörde gewollt hat. Dies ist unter Heranziehung der allgemeinen Auslegungsregeln (Rn. 264) zu ermitteln. Dabei ist darauf abzustellen, wie ein objektiver Empfänger die getroffene Anordnung verstehen musste. Die von der Behörde gewählte Bezeichnung ist nicht allein maßgeblich, sondern stellt nur ein Indiz dar. Eine Auslegung ist unverzichtbar, wenn die Behörde eine Formulierung gewählt hat, die nicht eindeutig ist (z. B. „mit der Maßgabe, dass [...]").

Hilfreich ist für die Abgrenzung die Überlegung, ob die Nebenbestimmung für die Behörde so wichtig war, dass sie die Wirksamkeit des Verwaltungsaktes davon abhängig machen wollte.

379 Unklarheiten bei der Auslegung gehen zu Lasten der Behörde. Da die Auflage die Wirksamkeit des Hauptverwaltungsaktes unberührt lässt, wird sich die Auflage im Vergleich zur Bedingung häufig als weniger belastende Maßnahme darstellen. In diesen Fällen wird eher von einer Auflage auszugehen sein.

Bei der Anordnung sollte daher auf eine genaue Bezeichnung der beabsichtigten Nebenbestimmung geachtet werden.

III. Nebenbestimmungen zum Verwaltungsakt

2. Abgrenzung der Nebenbestimmung von anderen Zusätzen zum Verwaltungsakt. Nebenbestimmungen i. S. v. § 36 VwVfG, die neben die Hauptregelung treten und diese ergänzen oder beschränken, sind darüber hinaus von weiteren Zusätzen abzugrenzen, die einem Verwaltungsakt beigefügt werden können: **380**

- Enthält der Zusatz zum Verwaltungsakt keine Regelung, sondern lediglich einen **Hinweis auf die Rechtslage**, liegt keine Nebenbestimmung vor.

> **Beispiel:**
> Eine bergrechtliche Erlaubnis wird mit dem Hinweis erteilt, dass darüber hinaus naturschutzrechtliche Genehmigungen einzuholen sind.

- Legt der Zusatz zum Verwaltungsakt dessen Inhalt fest (bzw. präzisiert ihn), handelt es sich um eine **Inhaltsbestimmung** und nicht um eine Nebenbestimmung.

> **Beispiel:**
> Eine Erlaubnis zum Umbau und Betrieb einer Tankstelle wird mit der Maßgabe erteilt, dass beim Betanken von Kraftfahrzeugen freiwerdende Kohlenwasserstoffdämpfe durch ein Gasrückführungssystem zu erfassen und in den Vorratstank zurückzuführen sind: Inhaltsbestimmung, da die Maßgabe unmittelbar auf das Vorhaben bezogen ist und keine zusätzliche Verhaltenspflicht begründet wird (VGH BW, VBlBW 1994, 23).

- Verändert der Zusatz den Inhalt der Hauptregelung gegenüber dem Antrag, so liegt eine **modifizierende Genehmigung** vor; der Antragsteller hat etwas Anderes erhalten, als er beantragt hatte.

> **Beispiel:**
> Anstelle einer Baugenehmigung für ein Haus mit Flachdach wird eine Baugenehmigung für ein Haus mit Satteldach erteilt.

3. Zulässigkeit von Nebenbestimmungen. In welchen Fällen die Verwaltung dem Hauptverwaltungsakt Nebenbestimmungen beifügen darf, richtet sich nach der jeweils einschlägigen gesetzlichen Regelung. Soweit keine vorrangige spezialgesetzliche Regelung greift, ist nach § 36 VwVfG maßgeblich, ob der Bürger auf den Verwaltungsakt einen Anspruch hat (gebundene Entscheidung, § 36 Abs. 1 VwVfG) oder ob die Erteilung des Verwaltungsaktes im Ermessen der Behörde liegt (§ 36 Abs. 2 VwVfG). Es liegt nahe, dass in Fällen, in denen **381**

der Bürger einen Anspruch auf Erteilung eines Verwaltungsaktes hat, die Beifügung einer (einschränkenden) Nebenbestimmung nur in den gesetzlich vorgesehenen Fällen zulässig ist:

382 a) **Nebenbestimmungen zu gebundenen Verwaltungsakten (§ 36 Abs. 1 VwVfG).** Ein Verwaltungsakt, auf den ein Anspruch besteht, darf nach § 36 Abs. 1 VwVfG mit einer Nebenbestimmung nur versehen werden, wenn
- sie *durch Rechtsvorschrift zugelassen ist*

> **Beispiele:**
> § 33a Abs. 1 Satz 3 GewO, § 5 GastG

- oder wenn *sie sicherstellen soll, dass die gesetzlichen Voraussetzungen des Verwaltungsaktes erfüllt werden.*

> **Beispiel:**
> Eine Baugenehmigung (gebundene Entscheidung!) ist beantragt. Das Vorhaben ist im Wesentlichen genehmigungsfähig, es müsste jedoch noch eine Brandschutztür vorgesehen werden. Die Behörde kann die Genehmigung mit einer entsprechenden Nebenbestimmung erteilen (Versagungsgründe werden durch die Nebenbestimmung ausgeräumt). Auf diese Weise wird vermieden, dass die Verwaltung den Antrag ablehnen und der Bürger erneut einen Antrag mit entsprechender Ergänzung stellen muss.

383 Ob und ggf. welche Nebenbestimmung die Behörde beifügt (oder ob sie den Antrag ablehnt), liegt in ihrem pflichtgemäßen *Ermessen*. Aus dem Grundsatz der Verhältnismäßigkeit kann sich vor allem bei geringfügiger Nichterfüllung der Genehmigungsvoraussetzungen im Einzelfall eine Verpflichtung zur Genehmigung unter Nebenbestimmungen ergeben (vgl. näher *Vondung*, in: Schweickhardt/Vondung/Zimmermann-Kreher, Rn. 287 ff.).

384 b) **Nebenbestimmungen zu Ermessensverwaltungsakten (§ 36 Abs. 2 VwVfG).** Bei Ermessensverwaltungsakten ist die Beifügung von Nebenbestimmungen nach § 36 Abs. 2 VwVfG grundsätzlich zulässig. Dem liegt der Gedanke zugrunde, dass in Fällen, in denen bereits der Hauptverwaltungsakt im Ermessen der Behörde liegt, erst recht eine Erteilung unter Beifügung von Nebenbestimmungen zulässig sein soll. Auch hier ist der Grundsatz der Verhältnismäßigkeit zu beachten (Rn. 301 ff.).

III. Nebenbestimmungen zum Verwaltungsakt

c) Kein Verstoß gegen den Zweck des Verwaltungsaktes (§ 36 Abs. 3 VwVfG). **385**
Nach § 36 Abs. 3 VwVfG darf eine Nebenbestimmung nicht dem Zweck des Verwaltungsaktes zuwiderlaufen. Es dürfen daher im Wege der Nebenbestimmung keine Verpflichtungen mit dem Hauptverwaltungsakt verbunden werden, die mit diesem in keinem Zusammenhang stehen (*Koppelungsverbot*).

> **Beispiel:** **386**
> Eine Baugenehmigung kann nicht mit der Auflage verbunden werden, dass auf ein gesetzmäßiges Vorhaben an anderer Stelle verzichtet wird.

4. Rechtsschutz. Obwohl nur die Auflage und der Auflagenvorbehalt eigene Regelungen enthalten und damit als Verwaltungsakt zu qualifizieren sind, können nach heute h. M. (BVerwGE 112, 221) alle Nebenbestimmungen isoliert angefochten werden. Die Wirksamkeit des Hauptverwaltungsaktes bleibt davon unberührt. **387**

> **Beispiel:** **388**
> Gegen eine Auflage zu einer Gaststättenerlaubnis legt der Gastwirt Widerspruch ein. Hat sein Widerspruch Erfolg, wird die Auflage aufgehoben; die Wirksamkeit der Gaststättenerlaubnis wird dadurch nicht berührt.

6. Kapitel Wirksamkeit von Verwaltungsakten

389 Von der in Kapitel 5 dargestellten Rechtmäßigkeit eines Verwaltungsaktes ist seine Wirksamkeit zu unterscheiden.

I. Bedeutung und Voraussetzungen der Wirksamkeit von Verwaltungsakten

390 Voraussetzung dafür, dass ein Verwaltungsakt *vom Adressaten zu befolgen* ist und erforderlichenfalls *Grundlage für eine Vollstreckung* durch die Verwaltung sein kann, ist seine Wirksamkeit.

391 Ein Verwaltungsakt wird zunächst gegenüber demjenigen, für den er bestimmt ist oder der von ihm betroffen wird, in dem Zeitpunkt wirksam, in dem er ihm **bekannt gegeben** wird (§ 43 Abs. 1 VwVfG).

 Die Bekanntgabe ist daher Voraussetzung für die Wirksamkeit des Verwaltungsaktes, aber nicht für dessen Rechtmäßigkeit.

392 § 43 Abs. 3 VwVfG bestimmt darüber hinaus, dass ein **nichtiger** Verwaltungsakt **unwirksam** ist. Aus dem Umstand, dass nur der nichtige (d. h. an einem im Sinne von § 44 VwVfG besonders gravierenden Fehler leidende) Verwaltungsakt unwirksam ist, folgt andererseits, dass die *schlichte Rechtswidrigkeit* nicht zur Unwirksamkeit des Verwaltungsaktes führt. Ein schlicht rechtswidriger Verwaltungsakt ist daher zu befolgen und kann Grundlage für die Verwaltungsvollstreckung sein. Er bleibt wirksam, solange und soweit er nicht zurückgenommen, widerrufen, anderweitig aufgehoben oder durch Zeitablauf oder auf andere Weise erledigt ist (§ 43 Abs. 2 VwVfG).

393 Beide Wirksamkeitsvoraussetzungen – die Bekanntgabe und der Ausschluss der Nichtigkeit – werden im Folgenden näher dargestellt.

II. Bekanntgabe des Verwaltungsaktes

Der Begriff der Bekanntgabe ist im VwVfG nicht definiert. Nach allgemeiner Auffassung ist darunter die **amtlich gewollte Unterrichtung** zu verstehen. Daraus folgt zunächst, dass die Information auf Seiten der Behörde von einem *Bekanntgabewillen* getragen sein muss. Eine bloß zufällige Kenntnisnahme genügt nicht. Im Übrigen ist für die Wirksamkeit der Bekanntgabe und der Bestimmung des Bekanntgabezeitpunkts die Unterscheidung wichtig, ob es sich um eine förmliche Bekanntgabe handelt (Zustellung) oder um eine sonstige Form der Bekanntgabe. Für das Verhältnis der Zustellung zu anderen Bekanntgabeformen bestimmt § 41 Abs. 5 VwVfG, dass die Vorschriften über die Bekanntgabe eines Verwaltungsaktes mittels Zustellung durch die Regelungen des § 41 VwVfG unberührt bleiben. Das bedeutet, dass das Zustellungsrecht vorrangig anzuwenden ist, wenn der Verwaltungsakt förmlich zugestellt werden soll bzw. zugestellt wurde. Auf die Regelungen in § 41 Abs. 1 bis 4 VwVfG darf in diesen Fällen nicht zurückgegriffen werden.

394

> Es empfiehlt sich, bei der Prüfung der Bekanntgabe zunächst in den Blick zu nehmen, ob der Verwaltungsakt im Wege der Zustellung übermittelt wurde. Ist dies der Fall, beurteilt sich die Rechtslage ausschließlich nach dem VwZG bzw. dem jeweiligen LVwZG.

Der je nach Form der Bekanntgabe unterschiedlich zu ermittelnde Bekanntgabezeitpunkt ist vor allem für den Beginn von **Rechtsbehelfsfristen** (Widerspruchsfrist bzw. Klagefrist) von großer Bedeutung. Hierauf wird bei der jeweiligen Bekanntgabeform näher eingegangen.

395

1. Zustellung. Die Zustellung ist im Verwaltungszustellungsgesetz des Bundes und in den Verwaltungszustellungsgesetzen der Länder näher geregelt. Die landesrechtlichen Regelungen entsprechen dabei weitgehend den Regelungen des Bundesgesetzes (ein Überblick über die Regelungen im Einzelnen findet sich z. B. bei *Schlatmann*, in: Engelhardt/App/Schlatmann, Einl. Rn. 6; auf einige landesrechtliche Besonderheiten wird auch nachfolgend eingegangen). Für die Zustellung durch Behörden des Bundes ist das VwZG des Bundes maßgeblich, für die Zustellung durch Landesbehörden grundsätzlich das VwZG des jeweiligen Landes.

396

Eine praxisbedeutsame Ausnahme stellt die Zustellung des Widerspruchsbescheides dar, die gem. § 73 Abs. 3 Satz 2 VwGO stets nach VwZG des Bundes erfolgt. Entsprechendes gilt gem. § 122 Abs. 5 Sätze 2 und 3 AO für Zustellungen der Landesfinanzbehörden.

397 a) **Begriff und Anwendungsbereich der Zustellung.** Die Zustellung ist gem. § 2 Abs. 1 VwZG die Bekanntgabe eines schriftlichen oder elektronischen Dokuments in der in diesem Gesetz bestimmten Form. Nach § 1 Abs. 2 VwZG wird zugestellt, soweit dies durch Rechtsvorschrift oder behördliche Anordnung bestimmt ist.

 Zu den Fällen, in denen die Zustellung durch Rechtsvorschrift vorgeschrieben ist, gehören neben der bereits erwähnten Zustellung des Widerspruchsbescheides etwa die Baugenehmigung (vgl. § 58 Abs. 1 Satz 6 LBO BW; § 74 Abs. 2 Satz 2 BauO NRW) sowie der Planfeststellungsbeschluss gem. § 74 Abs. 4 Satz 1 VwVfG.

398 Soweit die Zustellung nicht gesetzlich vorgeschrieben ist, liegt die Anordnung der Zustellung im Ermessen der Behörde. Für die Wahl der Zustellung spielt in der Regel die damit verbundene Nachweismöglichkeit eine Rolle, die auch für den Beginn der Rechtsbehelfsfristen maßgeblich ist. Eine Zustellung wird in der Verwaltungspraxis daher häufig bei belastenden Verwaltungsakten gewählt.

 Auch wenn aufgrund behördlicher Anordnung zugestellt wird, ist die Anwendung des § 41 VwVfG durch das Zustellungsrecht ausgeschlossen. Insbesondere kann auch in diesen Fällen nicht auf die Bekanntgabefiktion des § 41 Abs. 2 VwVfG zurückgegriffen werden.

399 b) **Arten der Zustellung.** Für die Unterscheidung der Zustellungsarten ist zunächst bedeutsam, durch wen die Zustellung erfolgt. Nach § 3 Abs. 2 Satz 1 VwZG wird die Zustellung durch einen Erbringer von Postdienstleistungen (*Post*), einen nach § 17 des De-Mail-Gesetzes akkreditierten *Diensteanbieter* oder durch die *Behörde* ausgeführt. Daneben enthalten §§ 9 und 10 VwZG Regelungen über die Besonderheiten der Zustellung im Ausland und der öffentlichen Zustellung.

400 aa) **Postzustellungsurkunde (§ 3 VwZG).** Besondere praktische Bedeutung hat die Zustellung mittels Postzustellungsurkunde. Dabei übergibt die Behörde der

Post den Zustellungsauftrag, das zuzustellende Dokument in einem verschlossenen Umschlag und einen vorbereiteten Vordruck einer Zustellungsurkunde. Dieser Vordruck wird vom Zusteller ausgefüllt und im Folgenden zu den Akten genommen; mit der *Zustellungsurkunde* kann die Behörde die Bekanntgabe nachweisen.

401 Nach § 3 Abs. 2 Satz 1 VwZG gelten für die Ausführung der Zustellung §§ 177 bis 182 ZPO entsprechend. Danach erfolgt die Zustellung in erster Linie an den Adressaten (§ 177 ZPO); falls dieser nicht angetroffen wird, wird eine Ersatzzustellung nach §§ 178, 180 bzw. 181 ZPO vorgenommen. Im Einzelnen sind zu unterscheiden:
- die Ersatzzustellung in der Wohnung, in Geschäftsräumen und Einrichtungen (§ 178 ZPO),
- die Ersatzzustellung durch Einlegen in den Briefkasten (§ 180 ZPO) sowie
- die Ersatzzustellung durch Niederlegung (§ 181 ZPO).

§ 179 ZPO regelt den Fall der unberechtigten Annahmeverweigerung.

⚖ → Übersicht Ersatzzustellung

Bei der Ersatzzustellung an eine empfangsberechtigte Person in der Wohnung oder in einem Geschäftsraum (§ 178 Abs. 1 Nr. 1 und 2 ZPO) ist zu beachten, dass die Zustellung mit der Übergabe bewirkt ist. Für eine formgerechte Zustellung ist es daher unerheblich, ob die empfangsberechtigte Person das Dokument tatsächlich an den Adressaten weiterleitet (ggf. kommt bei Versäumung einer Rechtsbehelfsfrist aber eine Wiedereinsetzung in den vorigen Stand nach § 60 VwGO in Betracht).

402 **bb) Einschreiben (§ 4 VwZG).** Eine weitere Form der Zustellung durch die Post ist das Einschreiben (§ 4 VwZG). Dabei ist zwischen dem Einschreiben durch Übergabe und dem Einschreiben mit Rückschein zu unterscheiden. Während die Behörde beim **Einschreiben durch Übergabe** lediglich einen Einlieferungsbeleg erhält, wird der Behörde beim **Einschreiben mit Rückschein** der Rückschein im Original zugesandt, auf dem der Empfänger den Erhalt des Einschreibens unter Angabe des Datums mit seiner Unterschrift bestätigt (*Struzina/Kaiser*, JA 2020, 279 ff., 280). Die Unterscheidung hat vor allem Auswirkungen auf den Nachweis und den Zustellungszeitpunkt: Gemäß § 4 Abs. 2 Satz 2 VwZG gilt beim *Übergabeeinschreiben* das Dokument am dritten Tag nach der Aufgabe zur Post als zugestellt, es sei denn, dass es nicht oder zu einem späteren Zeitpunkt zugegangen ist; im Zweifel hat die Behörde den Zugang und dessen Zeitpunkt nachzuweisen (vgl. hierzu näher – auch mit Beispielfällen – *Sander/Schad*, in: Schweickhardt/Vondung/Zimmermann-Kreher, Rn. 334). Beim *Einschreiben mit Rückschein* genügt zum Nachweis der Zustellung nach § 4 Abs. 2 Satz 1 VwZG der Rückschein; die Drei-Tage-Fiktion gilt hier nicht.

403 Wesentliches Merkmal beider Formen der Zustellung durch Einschreiben ist, dass das zuzustellende Dokument von der Post verschlossen **übergeben** wird (vgl. § 4 Abs. 1 Satz 2 VwZG). Dies setzt eine Übergabe an den Adressaten oder eine hierfür bevollmächtigte Person voraus. Eine Ersatzzustellung wie bei der Postzustellungsurkunde kommt dagegen nicht in Betracht. Nicht unter die Regelung des § 4 VwZG fällt aus diesem Grund auch das sog. *Einwurf-Einschreiben*, bei dem ein Einlegen in den Briefkasten genügt, für das wie bei einer Bekanntgabe durch einfachen Brief die Bekanntgabefiktion des § 41 Abs. 2 VwVfG gilt (vgl. *Struzina/Kaiser*, JA 2020, 279 ff., 280).

404 cc) **Zustellung durch die Behörde gegen Empfangsbekenntnis; elektronische Zustellung (§ 5 VwZG).** Bei der Zustellung durch die Behörde händigt der zustellende Bedienstete das Dokument dem Empfänger in einem verschlossenen Umschlag aus (§ 5 Abs. 1 Satz 1 VwZG). Der Empfänger hat ein mit dem Datum der Aushändigung versehenes **Empfangsbekenntnis** zu unterschreiben (§ 5 Abs. 1 Satz 3 VwZG). Das unterschriebene Empfangsbekenntnis wird zu den Akten genommen und dient als Nachweis des Zustellungs*zeitpunkts*. Für eine formgerechte Zustellung genügt nach allgemeiner Auffassung aber, dass dem Empfänger Gelegenheit gegeben wurde, ein mit dem Datum der Aushändigung versehenes Empfangsbekenntnis zu unterschreiben; wird das Empfangsbekenntnis tatsächlich nicht unterschrieben, gilt als Tag der Zustellung dann der Tag, an dem der Empfänger das Dokument in Kenntnis der Zustellungsabsicht der Behörde entgegengenommen hat (*Struzina/Kaiser*, JA 2020, 279 ff., 281).

405 Für die Ausführung der Zustellung (bzw. Ersatzzustellung) gelten die §§ 177 bis 181 ZPO (vgl. § 5 Abs. 2 Satz 1 VwZG; siehe dazu auch Rn. 401).

406 Von erheblicher praktischer Bedeutung ist die **vereinfachte Zustellung gegen Empfangsbekenntnis** nach § 5 Abs. 4 VwZG an Behörden und juristische Personen des öffentlichen Rechts sowie bestimmte Berufsgruppen wie z. B. Rechtsanwälte und Steuerberater. An diese kann *auch auf andere Weise, auch elektronisch, gegen Empfangsbekenntnis zugestellt* werden. Zum Nachweis der Zustellung genügt nach § 5 Abs. 7 Satz 1 VwZG das mit Datum und Unterschrift oder qualifizierter elektronischer Signatur versehene Empfangsbekenntnis, das an die Behörde durch die Post oder elektronisch zurückzusenden ist.

§ 5 Abs. 5 Satz 1 VwZG ermöglicht die elektronische Zustellung **elektronischer** **407**
Dokumente (d. h. das elektronische Dokument wird auch elektronisch – z. B.
per Mail – übermittelt) **an jedermann**, soweit der Empfänger hierfür einen *Zugang* eröffnet hat. Anders als bei Behörden, Unternehmen oder einem Rechtsanwalt wird beim *Bürger* die bloße Angabe einer E-Mail-Adresse auf seinem Briefkopf noch nicht dahingehend verstanden werden können, dass er damit seine Bereitschaft zum Empfang von rechtlich verbindlichen Erklärungen kundtut, sondern nur, wenn er dies gegenüber der Behörde oder allgemein ausdrücklich erklärt hat (*Schlatmann*, in: Engelhardt/App/Schlatmann, § 5 Rn. 13). Weiter ist für die Übermittlung das Dokument mit einer *qualifizierten elektronischen Signatur* zu versehen und gegen unbefugte Kenntnisnahme Dritter zu schützen (§ 5 Abs. 5 Satz 2 VwZG).

Weitere *formelle Anforderungen* für elektronische Zustellungen regelt § 5 Abs. 6 **408**
VwZG, der elektronische Zustellungen nach den Absätzen 4 und 5 gleichermaßen erfasst. Dadurch soll für den Empfänger leichter erkennbar werden, dass es sich um eine förmliche Zustellung handelt; Fehler machen die Zustellung insoweit nicht unwirksam (*Schlatmann*, in: Engelhardt/App/Schlatmann, § 5 Rn. 16). Unter anderem hat die zustellende Behörde die Übermittlung mit dem Hinweis „Zustellung gegen Empfangsbekenntnis" einzuleiten.

dd) Elektronische Zustellung gegen Abholbestätigung über De-Mail-Dienste **409**
(§ 5a VwZG). § 5a VwZG enthält ergänzend zu § 5 Abs. 4 und 5 VwZG eine
weitere Möglichkeit der elektronischen Zustellung. Bei der Zustellung über De-Mail-Dienste wird eine beweissichere elektronische Abholbestätigung eingeführt, die der akkreditierte Diensteanbieter des Empfängers elektronisch erzeugt (*Schlatmann*, in: Engelhardt/App/Schlatmann, § 5a Rn. 1). Die praktische Bedeutung der Zustellung über De-Mail ist allerdings begrenzt geblieben (nach dem Ausstieg der Deutschen Telekom aus dem Kreis der Diensteanbieter dürfte die Anwendung dieser Zustellungsform weiter abnehmen).

ee) Zustellung im Ausland (§ 9 VwZG) und öffentliche Zustellung (§ 10 VwZG). **410**
Für den Sonderfall der Zustellung im Ausland enthält § 9 VwZG Sonderregelungen. Die Regelungen über die öffentliche Zustellung nach § 10 VwZG sind vor allem in Fällen relevant, in denen der *Aufenthaltsort des Empfängers* (trotz entsprechender Bemühungen der Behörde) *unbekannt* ist. Die Zustellung kann in diesem Fall durch öffentliche Bekanntmachung erfolgen.

424 Der Verwaltungsakt *gilt zwei Wochen nach der ortsüblichen Bekanntmachung als bekannt gegeben* (§ 41 Abs. 4 Satz 3 VwVfG). In einer *Allgemeinverfügung* kann ein hiervon abweichender Tag, jedoch *frühestens der auf die Bekanntmachung folgende Tag* bestimmt werden (§ 41 Abs. 4 Satz 4 VwVfG). In der ortsüblichen Bekanntmachung ist anzugeben, wo der Verwaltungsakt und seine Begründung eingesehen werden können (§ 41 Abs. 4 Satz 2 VwVfG), sofern nicht ausnahmsweise der vollständige Verwaltungsakt einschließlich Begründung und Rechtbehelfsbelehrung öffentlich bekanntgemacht wird (vgl. BVerwG, NVwZ 2021, 896 ff.).

425 Auch **elektronische** Verwaltungsakte können nach § 41 Abs. 4 VwVfG öffentlich bekanntgegeben werden. Das erfolgt praktisch durch Bekanntgabe im Internet. Voraussetzung dafür ist aber, dass dies eine *ortsübliche* Form der Bekanntgabe ist (vgl. § 41 Abs. 4 Satz 1 VwVfG). Die übliche Veröffentlichungsform ist durch Rechtsnorm festzulegen, bei Gemeinden im Wege der Satzung. Den Bürger trifft dann die Obliegenheit, sich aus dem festgelegten Medium zu informieren (*Tiedemann*, in: Bader/Ronellenfitsch, § 41 Rn. 109). Ob auch eine Bekanntmachung *allein im Internet* (auf der Website der Behörde) vorgesehen werden kann, ist umstritten (befürwortend *Tiedemann*, in: Bader/Ronellenfitsch, § 41 Rn. 126; einschränkend *Baer*, in: Schoch/Schneider, § 41 Rn. 106). Der Eröffnung eines Zugangs nach § 3a VwVfG bedarf es bei einer öffentlichen Bekanntgabe im Internet jedenfalls nicht (*Stelkens*, in: Stelkens/Bonk/Sachs, § 41 Rn. 196).

426 d) **Sonderfall der öffentlichen Bekanntgabe: Verkehrszeichen.** Eine besondere Form der öffentlichen Bekanntgabe erfolgt bei Verkehrszeichen, die – soweit sie Verkehrsverbote und -gebote enthalten – Verwaltungsakte in Form der Allgemeinverfügung darstellen. Die Bekanntgabe erfolgt hier dadurch, dass das Verkehrszeichen so aufgestellt oder angebracht wird, dass es ein durchschnittlicher Kraftfahrer bei Einhaltung der erforderlichen Sorgfalt schon *mit einem raschen und beiläufigen Blick* erfassen kann. Bei Verkehrszeichen, die den ruhenden Verkehr betreffen, müssen diese regelmäßig durch einfache Umschau beim Aussteigen erkennbar sein (BVerwGE 154, 365). Ob der Verkehrsteilnehmer das Verkehrszeichen tatsächlich wahrnimmt, ist dabei unerheblich.

427 e) **Weitere Bekanntgabeformen.** Soweit keine Zustellung vorliegt und auch sonst keine der in § 41 VwVfG näher geregelten Formen der Bekanntgabe vorliegt, kommt es für die Bekanntgabe auf den **Zugang** des Verwaltungsaktes an.

II. Bekanntgabe des Verwaltungsaktes

Beispiele: 428
Mündliche Bekanntgabe; persönliche Übergabe eines Schriftstücks (ohne Empfangsbekenntnis); Einlegen eines Dokuments in den Briefkasten durch einen Behördenmitarbeiter.

Da § 41 VwVfG keine näheren Bestimmungen hierzu enthält, wird auf die im Zivilrecht für den Zugang von Willenserklärungen entwickelten Grundsätze zurückgegriffen. Danach ist ein Verwaltungsakt zugegangen, wenn er derart in den *Machtbereich des Empfängers* gelangt, dass dieser bei gewöhnlichem Verlauf und unter normalen Umständen unter Berücksichtigung der Verkehrsauffassung die *Möglichkeit der Kenntnisnahme* hat. Die tatsächliche Verfügungsgewalt über ein Schriftstück ist auch schon dann begründet, wenn es einem *Empfangsboten* übergeben wird (z. B. Ehegatte, Lebensgefährte, sonstige zur Familie gehörenden erwachsenen Hausgenossen, Haushaltshilfe). Bei Einwurf in den Briefkasten durch einen Boten ist entscheidend, wann mit der nächsten Leerung zu rechnen ist. 429

Auf die Grundsätze über den Zugang ist nur abzustellen, wenn keine der zuvor erläuterten Sonderregelungen einschlägig ist.

Im Überblick stellen sich Zustellung und Bekanntgabe wie folgt dar: 430

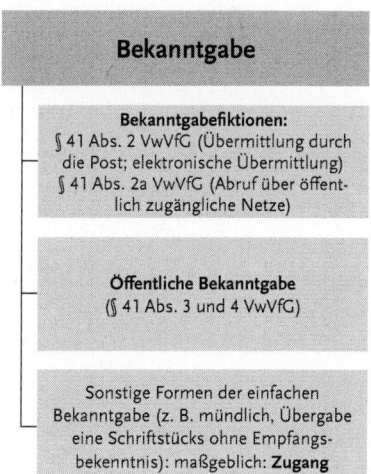

Abb. 8: Zustellung und Bekanntgabe

431 **f) Bekanntgabeempfänger.** Für den Empfänger der (einfachen) Bekanntgabe geltend weitgehend die Erläuterungen zum Zustellungsempfänger (Rn. 411). So ist bei fehlender oder beschränkter Handlungsfähigkeit des Adressaten der Verwaltungsakt den gesetzlichen Vertretern bekanntzugeben (§ 12 VwVfG). Ist ein schriftlicher Verwaltungsakt an mehrere Beteiligte gerichtet, muss jeder von ihnen eine Ausfertigung erhalten. Im Abgabenrecht ist insoweit die Sonderregelung in § 122 Abs. 7 AO zu beachten. § 41 Abs. 1 Satz 2 VwVfG stellt klar, dass die Bekanntgabe an den *Bevollmächtigten* für und gegen den Beteiligten wirkt; wegen § 14 Abs. 3 Satz 1 VwVfG *soll* sich die Behörde an den Bevollmächtigten wenden (im Unterschied dazu sieht § 7 Abs. 1 Satz 2 VwZG bei Vorlage einer schriftlichen Vollmacht eine zwingende Zustellung an den Bevollmächtigten vor).

432 **g) Rechtsfolgen fehlerhafter Bekanntgabe.** Liegt eine fehlerhafte Bekanntgabe vor, weil der Verwaltungsakt *nicht so in den Verfügungsbereich des Empfängers* gelangt ist, dass er die *Möglichkeit der Kenntnisnahme* hat, ist eine Bekanntgabe nicht erfolgt; der Verwaltungsakt ist gegenüber diesem Betroffenen unwirksam (*Tiedemann*, in: BeckOK VwVfG, § 41 Rn. 53). Auch der Bekanntgabewille der Behörde ist für eine Bekanntgabe unverzichtbar. Im Übrigen kommt eine Heilung bei Bekanntgabefehlern in Analogie zu § 8 VwZG *für die Zukunft* in Betracht, wenn der Empfänger das Dokument tatsächlich erhalten hat (vgl. *Sachs*, in: Stelkens/Bonk/Sachs, § 43 Rn. 177). Der wirksamen Bekanntgabe eines Verwaltungsakts an einen Betroffenen steht es auch gleich, wenn dieser auf sonstige Weise Kenntnis von dem vollständigen Inhalt des Verwaltungsakts erlangt hat, nachdem die Behörde ihren Regelungswillen durch eine fehlgeschlagene Bekanntgabe dokumentiert hat (BVerwG, NVwZ 2021, 896).

433 **3. Wirksamkeit von Verwaltungsakten bei Rechtsnachfolge.** Von praktischer Bedeutung ist im Rahmen der Bekanntgabe weiter die Situation bei der Rechtsnachfolge: Knüpft ein Verwaltungsakt an das Eigentum oder den Besitz eines Grundstücks *grundstücksbezogene Pflichten*, müssen nach einer wirksamen Bekanntgabe auch die Rechtsnachfolger des Adressaten die Wirksamkeit des Verwaltungsaktes gegen sich gelten lassen, selbst wenn sie bei Erwerb des Eigentums oder Besitzes keine Kenntnis von der Existenz des Verwaltungsaktes hatten (BVerwG, NVwZ 2021, 896).

III. Keine Nichtigkeit des Verwaltungsaktes

Weitere Voraussetzung für die Wirksamkeit des Verwaltungsaktes ist, dass dieser nicht an einem Fehler leidet, der zur Nichtigkeit führt (vgl. § 43 Abs. 3 VwVfG). Wann ein Fehler zur Nichtigkeit des Verwaltungsaktes führt, ist in § 44 VwVfG geregelt.

434

§ 44 Abs. 1 VwVfG ist dabei zunächst der Grundgedanke zu entnehmen, dass Fehler beim Erlass eines Verwaltungsaktes zur Nichtigkeit führen, wenn sie besonders schwerwiegend und offenkundig sind. Dieser Grundgedanke ist für die Abgrenzung zu Fällen der schlichten Rechtswidrigkeit hilfreich, in denen der Verwaltungsakt wirksam bleibt, bis er aufgehoben oder auf andere Weise erledigt ist (vgl. § 43 Abs. 2 VwVfG).

435

§ 44 VwVfG ist wie folgt strukturiert:

436

- § 44 **Abs. 2** VwVfG regelt die Fälle, in denen ein Verwaltungsakt ohne Rücksicht auf das Vorliegen der Voraussetzungen des Absatzes 1 (also unabhängig davon, ob der Fehler als besonders schwerwiegend und offenkundig anzusehen ist) **nichtig** ist;
- § 44 **Abs. 3** VwVfG bestimmt, welche (im Einzelnen aufgeführten) Fehler *nicht* **zur Nichtigkeit führen;**
- Ist weder § 44 Abs. 2 noch Abs. 3 VwVfG einschlägig, ist nach § 44 **Abs. 1** VwVfG zu prüfen, ob der Verwaltungsakt nichtig ist, weil er an einem **besonders schwerwiegenden und offenkundigen Fehler** leidet. *Besonders schwerwiegend* ist dabei ein Fehler, der den Verwaltungsakt schlechterdings unerträglich, d. h. mit tragenden Verfassungsprinzipien oder der Rechtsordnung immanenten wesentlichen Wertvorstellungen unvereinbar erscheinen lassen (BVerwG, NVwZ 2000, 1039). *Offenkundig* ist der Fehler, wenn er dem Verwaltungsakt „auf die Stirn geschrieben" ist, d. h. dass die schwere Fehlerhaftigkeit des Verwaltungsaktes für einen unvoreingenommenen, mit den Umständen vertrauten und verständigen Betrachter ohne Weiteres ersichtlich sein muss (vgl. VGH BW, Beschluss v. 17.4.2000 – 4 S 1588/98 –, juris).

In der verwaltungsrechtlichen Klausur empfiehlt sich die Einhaltung dieser sich aus der Systematik der Vorschrift ergebenden Prüfungsreihenfolge.

IV. Weitere Fehlerfolgen

437 Die Nichtigkeit eines Verwaltungsaktes stellt die gravierendste Folge eines Fehlers beim Erlass eines Verwaltungsaktes dar. Der nichtige Verwaltungsakt ist insbesondere *nicht heilbar*. Da er nach § 43 Abs. 3 VwVfG unwirksam ist, muss der Betroffene ihn auch nicht innerhalb bestimmter Fristen anfechten, sondern kann die Feststellung der Nichtigkeit durch die Behörde (§ 44 Abs. 5 VwVfG) oder das Verwaltungsgericht (im Wege der Nichtigkeitsfeststellungsklage, § 43 VwGO) verlangen.

Eine Anfechtung des Verwaltungsakts durch Widerspruch wird allerdings überwiegend auch dann für zulässig erachtet, wenn der Betroffene von der Nichtigkeit des Verwaltungsaktes ausgeht.

438 Beim **schlicht rechtswidrigen Verwaltungsakt** kommt dagegen die Möglichkeit einer Heilung nach § 45 VwVfG bzw. die Unbeachtlichkeit des Fehlers nach § 46 VwVfG in Betracht.

439 **1. Heilung von Verfahrens- und Formfehlern (§ 45 VwVfG).** Leidet der Verwaltungsakt an einem *Verfahrens- oder Formfehler*, der nicht zur Nichtigkeit führt, so kommt eine Heilung nach § 45 Abs. 1 VwVfG in Betracht. Die Heilung erfolgt dabei durch die (ordnungsgemäße) **Nachholung** der fehlerhaften Verfahrenshandlung, also das nachträgliche Stellen des fehlenden Antrags oder die Nachholung der Anhörung oder der Begründung (vgl. hierzu näher Rn. 230 f. und 251). Die Nachholung kann nach § 45 Abs. 2 VwVfG bis zum Abschluss der letzten Tatsacheninstanz eines verwaltungsgerichtlichen Verfahrens (regelmäßig vor dem Oberverwaltungsgericht) erfolgen.

440 Die Heilung nach § 45 VwVfG führt dazu, dass die **Rechtswidrigkeit des Verwaltungsaktes beseitigt** wird.

Da § 45 VwVfG im Vergleich zu § 46 VwVfG eine weitergehende Rechtsfolge enthält (Beseitigung der Rechtswidrigkeit des Verwaltungsaktes), sollte in der Klausur zunächst § 45 VwVfG geprüft werden.

441 **2. Unbeachtlichkeit von Verfahrens- und Formfehlern (§ 46 VwVfG).** Eine weitere Regelung über die Unbeachtlichkeit der *Verletzung von Vorschriften über das Verfahren, die Form oder die örtliche Zuständigkeit* enthält § 46 VwVfG. Voraussetzung ist auch im Fall des § 46 VwVfG, dass der Verstoß nicht zur Nichtigkeit führt. Im Unterschied zu § 45 VwVfG wird im Falle des § 46 VwVfG aber nicht die Rechtswidrigkeit des Verwaltungsaktes beseitigt. Der Verwaltungsakt bleibt vielmehr (formell) rechtswidrig; es kann aber (z. B. im Fall einer Anfechtung durch einen betroffenen Nachbarn) **nicht die Aufhebung des Verwaltungsaktes verlangt werden.** Die Vorschrift ist daher vor allem im Widerspruchsverfahren von Bedeutung.

Voraussetzung für eine Unbeachtlichkeit nach § 46 VwVfG ist, dass **offensichtlich ist, dass die Verletzung die Entscheidung in der Sache nicht beeinflusst hat.** Daran fehlt es regelmäßig bei *gebundenen* Verwaltungsakten oder im Falle einer *Ermessensreduzierung auf Null*, soweit nicht infolge einer Anwendung unbestimmter Rechtsbegriffe ein Spielraum besteht, bei der auch eine andere Entscheidung möglich wäre. **442**

> **Beispiel:** **443**
> Sind die Tatsachen, die eine gewerberechtliche Unzuverlässigkeit (= *unbestimmter Rechtsbegriff*) begründen und zu einem Widerruf der Gaststättenerlaubnis und einer Gewerbeuntersagung geführt haben (= *gebundene Entscheidungen*), derart gravierend, dass die Behörde selbst dann, wenn der Erlaubnisinhaber Gelegenheit gehabt hätte, für ihn günstige Tatsachen vorzutragen, nicht von dem Erlass der Verfügung hätte absehen können, so führt die unterlassene Anhörung grundsätzlich nicht zur Aufhebung der Verfügung (vgl. z. B. VG Köln, Urteil v. 22.12.2016 – 1 K 8079/16 –, juris).

3. Umdeutung (§ 47 VwVfG). Ebenfalls im Rechtsbehelfsverfahren relevant wird die Möglichkeit, einen rechtswidrigen Verwaltungsakt gem. § 47 VwVfG in einen rechtmäßigen Verwaltungsakt umzudeuten. Voraussetzung dafür ist, dass der Verwaltungsakt, in den umgedeutet wird, auf das gleiche Ziel gerichtet ist, von der erlassenden Behörde in der geschehenen Verfahrensweise und Form rechtmäßig hätte erlassen werden können und die Voraussetzungen für dessen Erlass erfüllt sind (§ 47 Abs. 1 VwVfG). Eine Entscheidung, die nur als gesetzlich gebundene Entscheidung ergehen kann, kann nicht in eine Ermessensentscheidung umgedeutet werden (§ 47 Abs. 3 VwVfG). Vergleiche zu den Einzelheiten mit Beispielen *Zimmermann-Kreher*, in: Schweickhardt/Vondung/Zimmermann-Kreher, Rn. 442 ff. **444**

4. Berichtigung offensichtlicher Unrichtigkeiten (§ 42 VwVfG). Schreibfehler, Rechenfehler und ähnliche offenbare Unrichtigkeiten in einem Verwaltungsakt kann die Behörde jederzeit berichtigen; bei berechtigtem Interesse des Beteiligten ist sie hierzu verpflichtet (vgl. § 42 Sätze 1 und 2 VwVfG). **445**

7. Kapitel Aufhebung von Verwaltungsakten

446 Wie in Kapitel 6 gezeigt, ist der schlicht rechtswidrige (also nicht nichtige) Verwaltungsakt zunächst wirksam, vgl. § 43 Abs. 2 VwVfG. Er ist vom Adressaten zu befolgen und kann Grundlage einer Vollstreckungsmaßnahme der Verwaltung sein. Will der betroffene Bürger die Aufhebung des Verwaltungsaktes erreichen, so kann er **Widerspruch** gegen den Verwaltungsakt einlegen (§§ 68 ff. VwGO) und anschließend Klage beim Verwaltungsgericht erheben (vgl. zu diesen Rechtsbehelfen *Vondung*, in: Schweickhardt/Vondung/Zimmermann-Kreher, Rn. 999 ff.). Sowohl Widerspruch als auch Anfechtungsklage sind allerdings fristgebunden und können nur innerhalb eines Monats nach Bekanntgabe eingelegt werden (§ 70 Abs. 1 bzw. § 74 Abs. 1 VwGO). Nach Ablauf dieser Frist wird der Verwaltungsakt unanfechtbar (sog. *formelle Bestandskraft*). Die Behörde und der betroffene Bürger sind ab diesem Zeitpunkt auch in der Sache abschließend an die Regelung gebunden (sog. *materielle Bestandskraft*). Eine Aufhebung ist nun nur noch unter besonderen Voraussetzungen möglich, die in den §§ 48 bis 51 VwVfG geregelt sind. Die Aufhebung **außerhalb eines Rechtsbehelfsverfahrens** erfolgt durch Rücknahme (§ 48 VwVfG) oder Widerruf (§ 49 VwVfG).

I. Überblick über Rücknahme und Widerruf

447 Sowohl Rücknahme als auch Widerruf sind Formen der Aufhebung von Verwaltungsakten. Sie ermöglichen die nachträgliche Korrektur von Verwaltungsentscheidungen, sogar nach Eintritt der Bestandskraft. Diese Korrekturmöglichkeit dient zum einen der Sicherstellung des Grundsatzes der *Gesetzmäßigkeit der Verwaltung*. Andererseits muss der Bürger grundsätzlich auf den Bestand von Verwaltungsakten vertrauen dürfen; daher ist auch den Bedürfnissen der *Rechtssicherheit* und des *Vertrauensschutzes* Rechnung zu tragen. Der Gesetzgeber hat diese Gesichtspunkte in den §§ 48 und 49 VwVfG in Ausgleich gebracht.

I. Überblick über Rücknahme und Widerruf

1. Begriff der Rücknahme und des Widerrufs. Rücknahme und Widerruf sind **448** Formen der Aufhebung eines Verwaltungsaktes. Sie unterscheiden sich dadurch, dass durch die Rücknahme die Aufhebung eines ursprünglich (d. h. zum Zeitpunkt seines Erlasses) *rechtswidrigen* Verwaltungsaktes erfolgt, während durch den Widerruf ein ursprünglich *rechtmäßiger* Verwaltungsakt aufgehoben wird (zu den Besonderheiten bei Dauerverwaltungsakten vgl. *Zimmermann-Kreher*, in: Schweickhardt/Vondung/Zimmermann-Kreher, Rn. 483).

Diese begriffliche Unterscheidung, die an die (ursprüngliche) Rechtmäßigkeit bzw. Rechtswidrigkeit des Verwaltungsaktes anknüpft, liegt regelmäßig auch der Terminologie in spezialgesetzlichen Regelungen zugrunde.

Praxisbedeutsame spezialgesetzliche Regelungen finden sich z. B. in § 45 WaffG und § 73 AsylG. Soweit das *Gaststättenrecht*, das seit der Föderalismusreform 2006 in die Gesetzgebungszuständigkeit der Länder überführt wurde, inzwischen landesgesetzlich geregelt ist und das Landesrecht auf die in § 15 GastG enthaltenen Regelungen zu Rücknahme und Widerruf der Gaststättenerlaubnis weiterhin verweist (vgl. z. B. § 1 LGastG BW), sind diese vorrangig zu berücksichtigen (zum Verhältnis zu §§ 48, 49 VwVfG siehe näher *Zimmermann-Kreher*, in: Schweickhardt/Vondung/Zimmermann-Kreher, Rn. 486). Das *SGB X* enthält als besonderes Verfahrensgesetz für die Sozialleistungsverwaltung spezialgesetzliche und teilweise deutlich abweichende Regelungen in §§ 44 ff. (vgl. im Einzelnen *Noak*, in: Schweickhardt/Vondung/Zimmermann-Kreher, Rn. 523 ff.).

2. Aufhebung begünstigender und belastender Verwaltungsakte. Welche Vorgaben für die Rücknahme bzw. den Widerruf von Verwaltungsakten gelten, hängt maßgeblich davon ab, ob ein begünstigender oder ein belastender Verwaltungsakt aufgehoben werden soll. So gelten für die Rücknahme bzw. den Widerruf begünstigender Verwaltungsakte besondere Anforderungen, die sich aus dem Grundsatz des *Vertrauensschutzes* ergeben, wenn also der Bürger auf den Bestand des Verwaltungsaktes vertrauen durfte. **449**

7. Kapitel Aufhebung von Verwaltungsakten

Aufhebung von Verwaltungsakten	
Rücknahme rechtswidriger Verwaltungsakte	**Widerruf rechtmäßiger Verwaltungsakte**
belastende Verwaltungsakte: § 48 Abs. 1 Satz 1 VwVfG / begünstigende Verwaltungsakte: § 48 Abs. 1 Satz 2 VwVfG: nur unter den Einschränkungen der Absätze 2 bis 4	belastende Verwaltungsakte: § 49 Abs. 1 VwVfG / begünstigende Verwaltungsakte: § 49 Abs. 2 und 3 VwVfG

Abb. 9: Aufhebung von Verwaltungsakten

450 **3. Verwaltungsaktqualität von Rücknahme und Widerruf.** Rücknahme und Widerruf stellen als *actus contrarius* zum ursprünglichen Verwaltungsakt ebenfalls Verwaltungsakte dar (ihr Regelungsgehalt liegt in der Aufhebung der ursprünglichen Regelung). Daher können auch Rücknahme und Widerruf mit einem Widerspruch (bzw. nachfolgend einer Klage) angefochten werden. Hat der Widerspruch gegen eine Rücknahme bzw. einen Widerruf Erfolg, so wird der Rücknahme- bzw. Widerrufsbescheid aufgehoben. Der ursprüngliche Verwaltungsakt lebt wieder auf.

 Wird ein Rücknahme- bzw. ein Widerrufsbescheid im Widerspruchsverfahren aufgehoben, so muss der ursprüngliche Verwaltungsakt nicht erneut erlassen werden.

451 Beispiel:
Eine Baugenehmigung wird zurückgenommen. Der Bauherr legt gegen die Rücknahme Widerspruch ein. Die Überprüfung im Widerspruchsverfahren ergibt, dass die Rücknahme rechtswidrig war; der Rücknahmebescheid wird daher von der Widerspruchsbehörde aufgehoben. Die ursprüngliche Baugenehmigung lebt wieder auf; sie muss nicht erneut erlassen werden.

Auch Rücknahme und Widerruf bedürfen daher einer Ermächtigungsgrundlage und müssen formell und materiell rechtmäßig sein. Die folgende Darstellung orientiert sich am Prüfschema für den Verwaltungsakt. **452**

II. Rücknahme

1. Ermächtigungsgrundlage. Ermächtigungsgrundlage für die Rücknahme **453**
rechtswidriger Verwaltungsakte ist § 48 Abs. 1 Satz 1 VwVfG, sofern nicht eine vorrangige spezialgesetzliche Rechtsgrundlage einschlägig ist (siehe Rn. 448).

2. Formelle Rechtmäßigkeit. Auch beim Erlass eines Rücknahmebescheides **454**
sind formelle Rechtmäßigkeitsvoraussetzungen zu beachten. Für die sachliche Zuständigkeit gilt das jeweils einschlägige Fachrecht. Hinsichtlich der örtlichen Zuständigkeit bestimmt § 48 Abs. 5 VwVfG, dass über die Rücknahme nach Unanfechtbarkeit des Verwaltungsaktes die nach § 3 VwVfG zuständige Behörde entscheidet, und zwar auch dann, wenn der zurückzunehmende Verwaltungsakt von einer anderen Behörde erlassen wurde.

> Die Zuständigkeitsregel in § 48 Abs. 5 VwVfG betrifft nur die örtliche Zuständigkeit; die Rücknahme erfolgt daher auch dann durch die Behörde, die den zurückzunehmenden Verwaltungsakt erlassen hat, wenn diese örtlich unzuständig war. Anders verhält es sich bei der sachlichen Zuständigkeit; die Rücknahme kann immer nur durch die nach dem einschlägigen Fachrecht sachlich zuständige Behörde erfolgen.

Vor Erlass eines Rücknahmebescheides ist der Betroffene zudem anzuhören, **455**
§ 28 VwVfG. Der Verwaltungsakt ist auch nach § 39 VwVfG zu begründen.

> Bei der Anhörung zu einer beabsichtigten Rücknahme ist darauf zu achten, dass sich diese auf alle entscheidungserheblichen Tatsachen erstreckt. Dazu gehört bei der Rücknahme eines begünstigenden Verwaltungsaktes i. S. v. § 48 Abs. 2 VwVfG auch der Vertrauensschutz einschließlich der insbesondere in § 48 Abs. 2 Satz 3 Nr. 3 VwVfG genannten subjektiven Voraussetzungen (Kenntnis der Rechtswidrigkeit des Verwaltungsaktes bzw. grob fahrlässige Unkenntnis).

456 **3. Materielle Rechtmäßigkeit.** Eine Rücknahme nach § 48 VwVfG setzt auf Tatbestandsseite zunächst einen *rechtswidrigen* Verwaltungsakt voraus. Die weiteren materiellen Rechtmäßigkeitsvoraussetzungen unterscheiden sich danach, ob ein *belastender* oder ein *begünstigender* Verwaltungsakt zurückgenommen wird.

457 **a) Rechtswidrigkeit des zurückzunehmenden Verwaltungsaktes.** Da eine Rücknahme in allen Konstellationen einen rechtswidrigen Verwaltungsakt voraussetzt, ist die Rechtmäßigkeit des zurückzunehmenden Verwaltungsakts zunächst anhand des unter Kapitel 5 dargelegten Schemas zu prüfen.

> Der Prüfungsbau ist an dieser Stelle „verschachtelt": Die Prüfung der Rechtmäßigkeit des ursprünglichen Verwaltungsaktes ist in die Prüfung der Rechtmäßigkeit der Rücknahme integriert. Ergibt die Prüfung, dass der ursprüngliche Verwaltungsakt rechtmäßig ist, kommt nur ein Widerruf in Betracht.

458 **b) Bei belastenden Verwaltungsakten: Rücknahme nach Ermessen.** Handelt es sich bei dem zurückzunehmenden Verwaltungsakt um einen belastenden Verwaltungsakt, erfolgt die Rücknahme (ohne weitere Voraussetzungen) gem. § 48 Abs. 1 VwVfG *nach pflichtgemäßem Ermessen*. Dabei sind die allgemeinen Schranken des Ermessens zu berücksichtigen (Rn. 290 ff.; zu den Besonderheiten des Rücknahmeermessens bei unionsrechtswidrigen Verwaltungsakten vgl. *Suerbaum*, in: Mann/Sennekamp/Uechtritz, § 48 Rn. 89 ff.).

459 **c) Bei begünstigenden Verwaltungsakten: Rücknahme unter den Einschränkungen von § 48 Abs. 2 bis 4 VwVfG.** Wird ein begünstigender Verwaltungsakt zurückgenommen, kommt dem Vertrauen des Bürgers auf den Bestand des Verwaltungsaktes besondere Bedeutung zu. § 48 Abs. 1 Satz 2 VwVfG bestimmt daher, dass begünstigende Verwaltungsakte nur unter den Einschränkungen der Absätze 2 bis 4 zurückgenommen werden dürfen. Wie sich ein ggf. schutzwürdiges Vertrauen des Bürgers auswirkt, hängt davon ab, ob es sich um einen *Geld- oder Sachleistungsverwaltungsakt* handelt (dann gilt § 48 Abs. 2 VwVfG), oder ob ein *sonstiger* begünstigender Verwaltungsakt zurückgenommen wird (in diesem Fall greift § 48 Abs. 3 VwVfG).

II. Rücknahme

Beispiele: 460
Um *Geldleistungsverwaltungsakte* i. S. v. § 48 Abs. 2 VwVfG handelt es sich beispielsweise bei Subventionen oder bei der Bewilligung von Ausbildungsförderung; eine *Sachleistung* würde etwa die Gewährung von Wohnraum darstellen. Zu den *sonstigen* Verwaltungsakten i. S. v. § 48 Abs. 3 VwVfG gehören z. B. die Erteilung einer Baugenehmigung oder einer Sondernutzungserlaubnis.

aa) Rücknahme von Geld- oder Sachleistungsverwaltungsakten (§ 48 Abs. 2 VwVfG). Geld- und Sachleistungsverwaltungsakte genießen – sofern das Vertrauen des Betroffenen schutzwürdig ist – weitgehend *Bestandsschutz* (vgl. die Formulierung in § 48 Abs. 2 Satz 1 VwVfG: „[...] darf nicht zurückgenommen werden, wenn [...]"). Eine Rücknahme ist daher unzulässig, soweit der Begünstigte auf den Bestand des Verwaltungsaktes vertraut hat und sein Vertrauen (unter Abwägung mit dem öffentlichen Interesse an einer Rücknahme) schutzwürdig ist. 461

Zu beachten ist, dass der praxisbedeutsame Bereich der Rücknahme der Bewilligung von *Sozialleistungen* nicht in den Anwendungsbereich des VwVfG, sondern unter das SGB X fällt, das für die Aufhebung von Bewilligungen speziellere Regelungen enthält.

Bei der Prüfung, ob ein schutzwürdiges Vertrauen des Betroffenen einer Rücknahme entgegensteht, ist zunächst zu prüfen, ob der Berufung auf Vertrauensschutz § 48 Abs. 2 Satz 3 VwVfG entgegensteht (1). In diesem Fall ist eine Rücknahme nach § 48 Abs. 1 VwVfG möglich. Ist die Berufung auf Vertrauensschutz nicht nach § 48 Abs. 2 Satz 3 VwVfG ausgeschlossen, so ist weiter zu prüfen, ob ein Fall des § 48 Abs. 2 Satz 2 VwVfG vorliegt, bei dem das Vertrauen regelmäßig schutzwürdig ist, so dass eine Rücknahme ausgeschlossen ist (2). Ist weder Satz 3 noch Satz 2 des § 48 Abs. 2 VwVfG einschlägig, erfolgt eine Abwägung nach § 48 Abs. 2 Satz 1 VwVfG zwischen dem öffentlichen Interesse an der Herstellung rechtmäßiger Zustände und dem Vertrauensschutz (3). 462

(1) Ausschluss der Berufung auf Vertrauensschutz (§ 48 Abs. 2 Satz 3 VwVfG). Zunächst ist zu prüfen, ob eine Berufung auf ein schutzwürdiges Vertrauen nach § 48 Abs. 2 Satz 3 VwVfG ausgeschlossen ist. Dies ist der Fall, wenn der Begünstigte 463
- Nr. 1: den Verwaltungsakt durch arglistige Täuschung, Drohung oder Bestechung erwirkt hat;

> **Beispiel:**
> A hat Leistungen der Beihilfe auf der Grundlage einer von ihm gefälschten Zahnarztrechnung erhalten: wegen arglistiger Täuschung ist keine Berufung auf Vertrauensschutz möglich.

- Nr. 2: den Verwaltungsakt durch Angaben erwirkt hat, die in wesentlicher Beziehung unrichtig oder unvollständig waren;

> **Beispiel:**
> Eine Corona-Soforthilfe wurde aufgrund unzutreffender Angaben im Antragsformular gewährt; ob die Unrichtigkeit dem Antragsteller bewusst ist, ist bei Nr. 2 nicht relevant. Allerdings kann sich die Behörde z. B. nicht auf fehlende Angaben berufen, wenn diese in einem von ihr zu Verfügung gestellten Antragsformular nicht vorgesehen sind.

- Nr. 3: die Rechtswidrigkeit des Verwaltungsaktes kannte oder infolge grober Fahrlässigkeit nicht kannte. *Grobe Fahrlässigkeit* erfordert ein besonders schwerwiegendes und auch subjektiv schlechthin unentschuldbares Fehlverhalten. Nur bei offensichtlichen Zweifeln an der Richtigkeit des Verwaltungsakts ist der Adressat zu einer Überprüfung anhand der Begründung verpflichtet; drängt sich die Fehlerhaftigkeit des Bescheides auf, besteht eine Verpflichtung, sich bei der Behörde zu erkundigen (NdsOVG, NJW 2010, 2601). Bei *Beamten* wird allerdings aufgrund des Dienst- und Treueverhältnisses eine Pflicht zur Überprüfung von Geldleistungsbescheiden angenommen (BVerwG, NVwZ 1987, 500).

> **Beispiel:**
> (Teil)Rücknahme einer Versorgungsfestsetzung wegen einer Überzahlung beim Familienzuschlag infolge Scheidung bei grob fahrlässiger Nichtkenntnis des betroffenen Beamten.

464 Liegt ein Fall des § 48 Abs. 2 Satz 3 VwVfG vor (ist also eine Berufung auf Vertrauensschutz ausgeschlossen), so findet keine Abwägung nach § 48 Abs. 2 Satz 1 VwVfG statt. In diesen Fällen ist die **Rechtsfolge** eine *Rücknahme nach Ermessen* (§ 48 Abs. 1 Satz 1 VwVfG), wobei nur in seltenen Fällen ein Absehen von einer Rücknahme in Betracht kommen wird. Nach § 48 Abs. 2 Satz 4 VwVfG erfolgt die Rücknahme in diesen Fällen *mit Wirkung für die Vergangenheit*. Zu den Besonderheiten bei der Rücknahme unionsrechtswidriger Beihilfen vgl. *Zimmermann-Kreher*, in: Schweickhardt/Vondung/Zimmermann-Kreher, Rn. 495.

II. Rücknahme

(2) Regelmäßig schutzwürdiges Vertrauen. Liegt *kein Fall des § 48 Abs. 2 Satz 3 VwVfG* vor, so bestimmt § 48 Abs. 2 Satz 2 VwVfG, dass das Vertrauen in der Regel schutzwürdig ist, wenn der Begünstigte gewährte Leistungen *verbraucht* oder eine *Vermögensdisposition* getroffen hat, die er nicht mehr oder nur unter unzumutbaren Nachteilen rückgängig machen kann. **465**

> **Beispiel:** **466**
> Unternehmer U hat einen Bescheid über die Gewährung einer Subvention erhalten und investiert im Vertrauen auf den Bescheid in eine neue Produktionsanlage.

Liegt ein Fall des § 48 Abs. 2 Satz 2 VwVfG vor, so ist regelmäßig von der Schutzwürdigkeit des Vertrauens auszugehen. Eine Rücknahme ist *nicht* möglich. **467**

(3) Abwägung nach § 48 Abs. 2 Satz 1 VwVfG. Ist weder Satz 3 noch Satz 2 des § 48 Abs. 2 VwVfG einschlägig, erfolgt eine Abwägung der Interessen nach § 48 Abs. 2 Satz 1 VwVfG. Dabei ist das öffentliche Interesse an der Herstellung rechtmäßiger Zustände gegen das Interesse des Betroffenen an der Aufrechterhaltung des Verwaltungsaktes abzuwägen. **468**

> Bei dieser Abwägung kann z. B. berücksichtigt werden, wieviel Zeit seit der Bewilligung vergangen ist. Je länger die Bewilligung zurückliegt, desto eher wird von einem Überwiegen des Vertrauensschutzes auszugehen sein. Weiter kann in die Abwägung einfließen, ob der Fehler, der zur Rücknahme führt, eher im Bereich der Behörde oder im Bereich des Betroffenen liegt.

Zur **Rechtsfolge**: Überwiegt nach dieser Abwägung der Vertrauensschutz, ist eine Rücknahme unzulässig (wie in den Fällen des § 48 Abs. 2 Satz 2 VwVfG). Wiegt das öffentliche Interesse an der Herstellung rechtmäßiger Zustände schwerer, so ist eine Rücknahme nach § 48 Abs. 1 Satz 1 VwVfG nach pflichtgemäßem Ermessen möglich. **469**

Soweit eine Rücknahme (entweder wegen Unzulässigkeit der Berufung auf Vertrauensschutz nach § 48 Abs. 2 Satz 3 VwVfG oder aufgrund der Abwägung nach § 48 Abs. 2 Satz 1 VwVfG) erfolgt, sind die auf der Grundlage des zurückgenommenen Verwaltungsaktes von der Behörde *bereits erbrachten Leistungen zurückzuerstatten*; die zu erstattende Leistung ist durch schriftlichen Verwaltungsakt festzusetzen (§ 49a Abs. 1 VwVfG). **470**

471 bb) **Rücknahme von sonstigen Verwaltungsakten (§ 48 Abs. 3 VwVfG).** Die in § 48 Abs. 2 VwVfG geregelten Einschränkungen der Rücknahme für Geld- und Sachleistungsverwaltungsakte gelten für *sonstige* Verwaltungsakte (wie z. B. die Baugenehmigung) nicht. Eine Rücknahme ist bei sonstigen Verwaltungsakten *nach pflichtgemäßem Ermessen* gem. § 48 Abs. 1 Satz 1 VwVfG möglich.

472 Das schutzwürdige Vertrauen des Betroffenen auf den Fortbestand der Regelung bewirkt daher keinen Bestandsschutz, führt aber nach § 48 Abs. 3 VwVfG zu einem Anspruch gegen die Behörde auf *Ausgleich des Vermögensnachteils*. Auch der Ausgleichsanspruch setzt voraus, dass der Betroffene auf den Bestand des Verwaltungsaktes vertraut hat und dieses Vertrauen schutzwürdig ist. Die Regelungen des § 48 Abs. 2 Satz 3 über den Ausschluss der Berufung auf Vertrauensschutz sind auch hier anzuwenden (§ 48 Abs. 3 Satz 2 VwVfG).

Zu ersetzen sind Aufwendungen, die der Betroffene im Vertrauen auf den Bestand einer erteilten Erlaubnis getätigt hat, z. B. Planungskosten und nicht anderweitig verwertbare Anschaffungen, nicht aber ein entgangener Gewinn. Dieser *Vertrauensschaden* ist zu ersetzen, nach § 48 Abs. 3 Satz 3 VwVfG jedoch nicht über den Betrag des Interesses hinaus, das der Betroffene am Bestand des Verwaltungsaktes hat (sog. Erfüllungsinteresse). Der Antrag auf Ausgleich des Vermögensnachteils kann nur innerhalb eines Jahres geltend gemacht werden; die Frist beginnt, sobald die Behörde den Betroffenen auf sie hingewiesen hat (§ 48 Abs. 2 Satz 5 VwVfG).

Tab. 5: Rücknahme nach § 48 VwVfG

Rücknahme **belastender** Verwaltungsakte:	Rücknahme **begünstigender** Verwaltungsakte: § 48 Abs. 1 Satz 2 VwVfG: nur unter den Einschränkungen von § 48 Abs. 2 bis 4 VwVfG	
	Geld-/Sachleistungsverwaltungsakte (§ 48 **Abs. 2** VwVfG):	**Sonstige** begünstigende Verwaltungsakte (§ 48 **Abs. 3** VwVfG):
Rücknahme **nach Ermessen** (§ 48 Abs. 1 Satz 1 VwVfG)	Rücknahme nur, soweit Vertrauen nicht schutzwürdig:	Rücknahme **nach Ermessen** (§ 48 Abs. 1 VwVfG)
	1. **Ausschluss** des Vertrauensschutzes nach § 48 Abs. 2 **Satz 3** VwVfG? 2. **Verbrauch** der Leistungen (§ 48 Abs. 2 **Satz 2** VwVfG)? 3. **Abwägung** nach § 48 Abs. 2 **Satz 1** VwVfG	Ggf. **Ausgleich für Vermögensnachteile** (§ 48 Abs. 3 VwVfG)

cc) **Rücknahmefrist (§ 48 Abs. 4 VwVfG).** Die Rücknahme begünstigender Verwaltungsakte ist (sowohl bei Geld- und Sachleistungsverwaltungsakten als auch bei sonstigen Verwaltungsakten) nur *innerhalb eines Jahres* zulässig, seitdem die Behörde Kenntnis von den Tatsachen erlangt hat, die eine Rücknahme rechtfertigen (§ 48 Abs. 4 Satz 1 VwVfG). Die Jahresfrist beginnt erst, wenn der Behörde (abzustellen ist auf den behördenintern zuständigen Amtswalter) sämtliche für die Rücknahmeentscheidung maßgeblichen Tatsachen bekannt sind. Dazu gehören auch die für den Vertrauensschutz sowie die für die Ermessensausübung wesentlichen Umstände.

473

> Die Jahresfrist beginnt daher in der Regel nicht vor der Anhörung. Verzögert die Behörde aber die Anhörung, so kann die Befugnis zur Rücknahme verwirkt sein (BVerwGE 164, 237).

III. Widerruf

Auch beim Widerruf rechtmäßiger Verwaltungsakte ist danach zu unterscheiden, ob es sich bei dem aufzuhebenden Verwaltungsakt um einen belastenden oder einen begünstigenden Verwaltungsakt handelt.

474

1. Ermächtigungsgrundlage. Ermächtigungsgrundlage für den Widerruf rechtmäßiger Verwaltungsakte ist – sofern keine spezialgesetzlichen Regelungen einschlägig sind, s. o. Rn. 448 – § 49 VwVfG. Während § 49 Abs. 1 VwVfG die Rücknahme nicht begünstigender Verwaltungsakte regelt, enthält § 49 Abs. 2 und 3 VwVfG die Voraussetzungen für den Widerruf begünstigender Verwaltungsakte.

475

2. Formelle Rechtmäßigkeit. § 49 Abs. 5 VwVfG enthält eine (§ 48 Abs. 5 VwVfG entsprechende) Regelung zur örtlichen Zuständigkeit; im Übrigen gelten die Ausführungen unter Rn. 454 auch für den Widerruf.

476

3. Materielle Rechtmäßigkeit. Der Widerruf nach § 49 VwVfG regelt explizit nur die Aufhebung *rechtmäßiger* Verwaltungsakte. Bei den begünstigenden Verwaltungsakten verlangt § 49 VwVfG insofern das Vorliegen eines besonderen Widerrufsgrundes. Unter den Bedingungen, unter denen ein rechtmäßiger Verwaltungsakt widerrufen werden kann, darf aber *erst recht* ein *ursprünglich rechtswidriger* Verwaltungsakt widerrufen werden; denn das Vertrauen des Be-

477

troffenen ist in diesem Fall nicht schutzwürdiger als beim ursprünglich rechtmäßigen Verwaltungsakt (vgl. BVerwGE 163, 102).

478 a) **Widerruf nicht begünstigender Verwaltungsakte.** § 49 Abs. 1 VwVfG lässt den Widerruf nicht begünstigender (regelmäßig also belastender) Verwaltungsakte ohne weitere Voraussetzungen *nach pflichtgemäßem Ermessen* zu. Im Unterschied zur Rücknahme ist der Widerruf allerdings nur *mit Wirkung für die Zukunft* möglich.

479 b) **Widerruf begünstigender Verwaltungsakte.** Der Widerruf begünstigender Verwaltungsakte ist in § 49 Abs. 2 VwVfG geregelt; für Geld- und Sachleistungsverwaltungsakte sieht § 49 Abs. 3 VwVfG darüber hinaus zusätzliche Widerrufsgründe vor.

IV. Wiederaufgreifen des Verfahrens

480 Das Wiederaufgreifen des Verfahrens betrifft die Frage, ob und unter welchen Voraussetzungen trotz eines bestandskräftigen Bescheides ein neues Verfahren eingeleitet werden kann oder muss, an dessen Ende eine neue Sachentscheidung steht, die den bisherigen Verwaltungsakt ersetzen kann.

481 *§ 51 Abs. 1 bis Abs. 3 VwVfG* regeln die Voraussetzungen, unter denen die Verwaltung verpflichtet ist, ein Verfahren wiederaufzugreifen. Liegt einer der in § 51 Abs. 1 VwVfG genannten Tatbestände vor (Änderung der Sach- oder Rechtslage, neue Beweismittel, Wiederaufnahmegründe entsprechend § 580 ZPO) und sind die Verfahrensvoraussetzungen von § 51 Abs. 2 und 3 VwVfG erfüllt, **muss** die Behörde das Verfahren wieder aufgreifen (**Wiederaufgreifen im engeren Sinn**). Auf der zweiten Stufe trifft die Behörde die erneute Sachentscheidung (= **Zweitbescheid**) unter Berücksichtigung der geänderten Sach- und Rechtslage bzw. der neuen Beweismittel (unabhängig von §§ 48, 49 VwVfG).

482 Liegen die Voraussetzungen von § 51 Abs. 1 bis 3 VwVfG *nicht* vor, steht es im **pflichtgemäßen Ermessen** der Behörde, ob sie das Verfahren wiederaufgreifen oder sich auf die Bestandskraft der früheren Entscheidung berufen will (**Wiederaufgreifen im weiteren Sinn**). Rechtliche Grundlage für das Wiederaufgreifen im engeren Sinn sind *§ 51 Abs. 5 i. V. m. §§ 48, 49 VwVfG*. Greift die Behörde das Verfahren wieder auf, trifft sie auf der zweiten Stufe eine erneute Sachentscheidung (= **Zweitbescheid**) in Anwendung der §§ 48, 49 VwVfG.

8. Kapitel Grundlagen der Verwaltungsvollstreckung

Kommt ein Bürger einer ihm durch Verwaltungsakt auferlegten Verpflichtung nicht freiwillig nach, stehen der Verwaltung die Möglichkeiten der Verwaltungsvollstreckung zur Verfügung. Hierdurch kann sie öffentlich-rechtliche Ansprüche bei Bedarf auch gegen den Willen des Pflichtigen durchsetzen. **483**

I. Überblick

1. Begriff. Unter dem Begriff der Verwaltungsvollstreckung ist die **zwangsweise** **484** **Durchsetzung öffentlich-rechtlicher Verpflichtungen** eines Bürgers oder eines sonstigen Privatrechtssubjekts **durch die Vollstreckungsbehörde in einem selbstständigen Verwaltungsverfahren** zu verstehen. Anders als im privatrechtlichen Bereich, in dem Private zur Durchsetzung ihrer Ansprüche grundsätzlich einen gerichtlichen Vollstreckungstitel benötigen, schafft sich die Verwaltung ihren Vollstreckungstitel selbst und ist in aller Regel nicht auf die Mitwirkung eines Gerichts und besonderer Vollstreckungsorgane angewiesen (sog. **Selbsttitulierungs- und Selbstvollstreckungskompetenz der Verwaltung**).

Vollstreckungstitel ist im Fall der Verwaltungsvollstreckung grundsätzlich ein **485** **Verwaltungsakt**, der auch als sog. Grundverwaltungsakt bzw. Grundverfügung bezeichnet wird. **Vollstreckungsfähig** sind allerdings nur **befehlende Verwaltungsakte**, die Ge- oder Verbote enthalten, nicht hingegen rein feststellende oder rechtsgestaltende Verwaltungsakte, deren Rechtsfolgen bereits mit ihrer Wirksamkeit eintreten. Erforderlich ist ferner, dass die Grundverfügung **inhaltlich hinreichend bestimmt** ist (§ 37 Abs. 1 VwVfG).

> **Beispiele:** **486**
> Vollstreckungsfähig sind demnach alle Verwaltungsakte, die dem Pflichtigen ein hinreichend bestimmtes Tun, Dulden oder Unterlassen auferlegen, wie etwa eine Abbruchsanordnung hinsichtlich einer bestimmten baulichen Anlage oder eine Gewerbeuntersagung in Bezug auf ein konkret ausgeübtes Gewerbe. Nicht vollstreckungsfähig sind demgegenüber etwa die Erteilung

> einer Gaststättenerlaubnis oder die Beamtenernennung als rechtsgestaltende Verwaltungsakte sowie die Feststellung der deutschen Staatsangehörigkeit als feststellender Verwaltungsakt.

487 Ohne einen vorausgegangenen Verwaltungsakt ist eine Verwaltungsvollstreckung nur ausnahmsweise zulässig, wenn Ansprüche aus einem öffentlich-rechtlichen Vertrag geltend gemacht werden, hinsichtlich derer sich der Bürger der sofortigen Vollstreckung unterworfen hat (§ 61 Abs. 1 VwVfG) oder wenn wegen Gefahr im Verzug ausnahmsweise Vollstreckungsmaßnahmen im Wege des sog. sofortigen Vollzugs zulässig sind (näher dazu Rn. 518 ff.).

488 2. **Rechtsgrundlagen.** Das Recht der Verwaltungsvollstreckung ist in verschiedenen Rechtsgrundlagen verankert. Für die Vollstreckung im Bereich der Bundesverwaltung ist das „Verwaltungs-Vollstreckungsgesetz" (VwVG) des Bundes sowie das „Gesetz über den unmittelbaren Zwang bei Ausübung öffentlicher Gewalt durch Vollzugsbeamte des Bundes" (UZwG) anwendbar. In den Ländern gelten jeweils eigene (Landes-)Verwaltungsvollstreckungsgesetze. Diese allgemeinen Verwaltungsvollstreckungsgesetze werden zum Teil durch spezialgesetzliche Regelungen zur Verwaltungsvollstreckung ergänzt oder verdrängt, wie etwa durch die Regelungen zur Abschiebung vollziehbar ausreispflichtiger Ausländer in den §§ 58 ff. AufenthG oder auch durch die Vorschriften über den Polizeizwang nach den jeweiligen Polizeigesetzen der Länder. Nachfolgend werden die wesentlichen Grundstrukturen der Verwaltungsvollstreckung anhand des VwVG des Bundes erläutert; die landesrechtlichen Vorschriften enthalten zum Teil hiervon abweichende Regelungen.

489 3. **Vollstreckungsverfahrensarten.** Im Verwaltungsvollstreckungsrecht werden mit Blick auf den Vollstreckungsgegenstand zwei Vollstreckungsverfahrensarten unterschieden: Zum einen die Vollstreckung wegen Geldforderungen, die sog. Beitreibung, und zum anderen die Vollstreckung zur Erzwingung von Handlungen, Duldungen oder Unterlassungen, die auch als Verwaltungszwang im engeren Sinne bezeichnet wird.

II. Vollstreckung zur Erzwingung von Handlungen, Duldungen oder Unterlassungen

490 Besonders praxis- und vor allem prüfungsrelevant ist die Vollstreckung von Verwaltungsakten, die zu einer Handlung, Duldung oder Unterlassung verpflich-

II. Vollstreckung zur Erzwingung von Handlungen, Duldungen oder Unterlassungen

ten. Dieser sog. **Verwaltungszwang im engeren Sinne** ist für den Bereich der Bundesverwaltung in den §§ 6–18 VwVG geregelt.

1. Zwangsmittel. Der Verwaltungszwang im engeren Sinne erfolgt nach dem Vollstreckungsrecht des Bundes sowie der Länder durch die gesetzlich normierten Zwangsmittel der Ersatzvornahme, des Zwangsgeldes und des unmittelbaren Zwangs (vgl. § 9 Abs. 1 VwVG). Es handelt sich hierbei um drei selbständige Kategorien von Zwangsmitteln (vertiefend hierzu *Erbguth/Guckelberger*, § 19 Rn. 5 ff.). **491**

a) Ersatzvornahme. Die Ersatzvornahme ist die Ausführung einer Handlung durch einen anderen anstelle und auf Kosten des Pflichtigen im Auftrag der Behörde. Sie kommt nur bei der Erzwingung **vertretbarer Handlungen** in Betracht. Dies sind Handlungen, die auch von anderen Personen als dem Pflichtigen vorgenommen werden können. Demgegenüber scheidet eine Ersatzvornahme aus bei unvertretbaren Handlungen, die höchstpersönlich zu erbringen sind, ebenso wie bei Unterlassungen und Duldungen. **492**

> **Beispiel:** **493**
> Der durch eine bauordnungsrechtliche Verfügung angeordnete Abbruch einer baulichen Anlage kann nicht nur vom Pflichtigen, sondern auch von Seiten Dritter, insbesondere eines privaten Abbruchsunternehmens, durchgeführt werden. Es handelt sich mithin beim Abbruch um eine vertretbare Handlung, die mit Hilfe des Zwangsmittels der Ersatzvornahme vollstreckt werden kann.
> Demgegenüber kann einer Anordnung zur amtsärztlichen Untersuchung nur der Pflichtigen selbst und nicht eine andere Person nachkommen. Es handelt sich insoweit um eine höchstpersönliche, unvertretbare Handlung, für deren Vollstreckung das Zwangsmittel der Ersatzvornahme ungeeignet ist.

Das Zwangsmittel der Ersatzvornahme ist bundesrechtlich in § 10 VwVG verankert. Danach beauftragt die Behörde einen Dritten (i. d. R. ein Privatunternehmen) durch einen privatrechtlichen Vertrag zur Durchführung der bislang unterbliebenen Handlung (sog. Fremdvornahme). Die dadurch entstehenden Kosten muss der Pflichtige tragen. Zwischen dem beauftragten Dritten und dem Pflichtigen entstehen durch die Ersatzvornahme keine unmittelbaren Rechtsbeziehungen; allerdings muss der Pflichtige die Ersatzvornahme durch den Dritten dulden. **494**

495 Viele Landesverwaltungsvollstreckungsgesetze verstehen daneben auch die Durchführung der Maßnahme durch die Behörde selbst als einen Fall der Ersatzvornahme (sog. Selbstvornahme, vgl. etwa § 25 LVwVG BW).

496 **b) Zwangsgeld.** Das Zwangsgeld soll den Pflichtigen zur Vornahme der geschuldeten Verhaltensweise veranlassen und der bestehenden Verpflichtung Nachdruck verleihen. Es ist keine Strafe, sondern ein Beugemittel zur Erzwingung künftigen Verhaltens. Im Gegensatz zur Ersatzvornahme kommt es insbesondere zur Erzwingung **unvertretbarer Handlungen, Duldungen und Unterlassungen** in Betracht (§ 11 Abs. 1 Satz 1 VwVG), wie etwa im zuvor genannten Beispiel der Anordnung einer amtsärztlichen Untersuchung. Nach Bundesrecht kann ein Zwangsgeld darüber hinaus auch bei **vertretbaren Handlungen** verhängt werden, jedoch nur, wenn eine Ersatzvornahme „untunlich" ist. Dies ist insbesondere dann anzunehmen, wenn der Pflichtige nicht in der Lage ist, die Kosten der Ersatzvornahme zu tragen (§ 11 Abs. 1 Satz 2 VwVG). Abweichend hiervon wird auf Landesebene vielfach keine derart ausdrückliche Nachrangigkeit des Zwangsgeldes bei vertretbaren Verhaltenspflichten vorgesehen, sondern es wird vielmehr den Behörden freigestellt, ob sie bei vertretbaren Verhaltenspflichten im Wege der Ersatzvornahme oder durch Zwangsgeld vollstrecken.

497 Die Höhe des Zwangsgeldes ist von der Behörde nach pflichtgemäßem Ermessen festzulegen, wobei in den Vollstreckungsgesetzen unterschiedliche Bemessungsrahmen mit Höchstgrenzen vorgesehen sind. Auf Ebene des Bundes beträgt die Höhe des Zwangsgeldes maximal 25.000 Euro (§ 11 Abs. 3 VwVG).

498 Aufgrund des Charakters als Beugemittel und nicht als Strafe kann Zwangsgeld wiederholt und gesteigert werden und auch neben Strafen und Geldbußen eingesetzt werden. Andererseits darf es nicht beigetrieben werden, wenn der Pflichtige zwischenzeitlich seiner Verpflichtung nachgekommen ist (*Peine/Siegel*, § 16 Rn. 694).

499 Kann das Zwangsgeld nicht beigetrieben werden, etwa weil der Pflichtige offensichtlich vermögenslos ist, kann **Ersatzzwangshaft** verhängt werden (vgl. § 16 VwVG). Für die Anordnung dieses subsidiären Zwangsmittels ist auf Antrag der Vollzugsbehörde das Verwaltungsgericht zuständig.

500 **c) Unmittelbarer Zwang.** Als letztes Mittel der Wahl (**ultima ratio**) kann die Vollzugsbehörde dann, wenn Ersatzvornahme oder Zwangsgeld nicht zum Ziel führen oder untunlich sind, den Pflichtigen im Wege unmittelbaren Zwangs zu der geschuldeten Handlung, Duldung oder Unterlassung zwingen oder die Handlung selbst vornehmen (vgl. § 12 VwVG).

II. Vollstreckung zur Erzwingung von Handlungen, Duldungen oder Unterlassungen

Nach Bundesrecht ist die Selbstvornahme durch die Behörde ein Anwendungsfall unmittelbaren Zwangs, während die meisten Vollstreckungsgesetze der Länder diese von der Ersatzvornahme als umfasst ansehen (z. B. § 59 Abs. 1 VwVG NRW bzw. § 25 LVwVG BW). Näher zur Abgrenzung zwischen Ersatzvornahme und unmittelbarem Zwang in den Fällen der Selbstvornahme vgl. *Erbguth/Guckelberger*, § 19 Rn. 7, 9.

501 Nach § 2 Abs. 1 UZwG ist unmittelbarer Zwang die Einwirkung auf Personen oder Sachen durch körperliche Gewalt, Hilfsmittel der körperlichen Gewalt (wie etwa Fesseln, Wasserwerfer oder Diensthunde) oder durch Waffen.

502 **Beispiel:**
Das Wegtragen von Personen, die sich an einer Sitzblockade beteiligen, oder der Einsatz von Schlagstöcken bzw. Reizstoffen gegenüber gewalttätigen Demonstranten.

503 Bei der Auswahl und Anwendung der Mittel des unmittelbaren Zwangs als dem schärfsten aller Zwangsmittel ist dem Grundsatz der Verhältnismäßigkeit in besonderem Maße Rechnung zu tragen (vgl. auch § 4 UZwG).

⛯ → Übersicht Zwangsmittel zur Erzwingung von Handlungen, Duldungen oder Unterlassungen

504 **2. Ablauf des Verwaltungszwangsverfahrens.** Das Vollstreckungsverfahren erfolgt grundsätzlich in drei Stufen (sog. gestrecktes Vollstreckungsverfahren):

505 **a) Androhung.** Das Vollstreckungsverfahren beginnt grundsätzlich mit einer schriftlichen Androhung des konkreten Zwangsmittels. Mit der Androhung soll dem Pflichtigen vor Augen geführt werden, was geschieht, wenn er der ihm gegenüber erlassenen Grundverfügung nicht innerhalb einer festzusetzenden Frist nachkommt. Die Androhung ist selbst ein Verwaltungsakt, weil sich die Behörde darin für das weitere Verfahren hinsichtlich des ausgewählten Zwangsmittels bindet. Sie kann nach Abschluss des Ausgangsverwaltungsverfahrens als selbständige Vollstreckungsandrohung ergehen. Rechtlich möglich ist es aber auch, sie bereits mit dem Grundverwaltungsakt zu verbinden (sog. unselbständige Vollstreckungsandrohung). Im Übrigen sind die Voraussetzungen für eine rechtmäßige Androhung für den Bereich der Bundesverwaltung in § 13 VwVG geregelt. Vertiefend hierzu *Erbguth/Guckelberger*, § 19 Rn. 14.

506 **b) Festsetzung.** Kommt der Pflichtige dem Verwaltungsakt nicht innerhalb der in der Androhung bestimmten Frist nach, ist als zweite Stufe des Vollstreckungsverfahrens das angedrohte Zwangsmittel festzusetzen. Während nach Bundesrecht grundsätzlich eine förmliche Festsetzung des Zwangsmittels (durch eigenständigen Verwaltungsakt) zu erfolgen hat (§ 14 Satz 1 VwVG), ist in einzelnen Landesgesetzen nur für das Zwangsgeld ausdrücklich eine förmliche Festsetzung vorgeschrieben (die Festsetzung von Ersatzvornahme und unmittelbarem Zwang bleibt in diesen Fällen regelmäßig ein rein behördeninterner Vorgang). Die Festsetzung ist eine nochmalige, unmissverständliche Warnung, durch die der Pflichtige letztmals die Gelegenheit erhält, den Verwaltungszwang durch Befolgung der Grundverfügung abzuwenden. Sie muss der Androhung inhaltlich entsprechen.

507 c) **Anwendung.** Das Vollstreckungsverfahren endet mit der Anwendung des jeweiligen Zwangsmittels (vgl. § 15 VwVG). Leistet dabei der Pflichtige im Fall der Ersatzvornahme oder des unmittelbaren Zwangs Widerstand, so kann dieser mit Gewalt gebrochen werden (§ 15 Abs. 2 VwVG). Vertiefend zur dritten Stufe vgl. *Erbguth/Guckelberger*, § 19 Rn. 16.

508 3. **Vollstreckungsvoraussetzungen.** Um das Vollstreckungsverfahren in der vorstehend dargestellten Form durchführen zu können bzw. im Fall des Rechtsschutzes auf seine Rechtmäßigkeit hin zu kontrollieren, müssen eine Reihe von allgemeinen und besonderen Vollstreckungsvoraussetzungen vorliegen.

509 a) **Allgemeine Vollstreckungsvoraussetzungen.** Die Einleitung des Vollstreckungsverfahrens durch die für die Vollstreckung zuständige Behörde (die grundsätzlich die Behörde ist, die auch den zu vollstreckenden Verwaltungsakt erlassen hat, § 7 Abs. 1 VwVG) erfordert insbesondere das Vorliegen folgender allgemeiner Vollstreckungsvoraussetzungen:

510 Wie bereits einleitend erwähnt, muss der zu vollstreckende Grundverwaltungsakt zunächst dem Grunde nach **vollstreckungsfähig** sein, vgl. Rn. 485.

511 Darüber hinaus muss der Grundverwaltungsakt auch **vollstreckbar** sein. Vollstreckbarkeit tritt insbesondere dann ein, wenn der Grundverwaltungsakt **unanfechtbar** geworden ist. Unanfechtbarkeit bedeutet, dass die Grundverfügung nicht mehr mit förmlichen Rechtsbehelfen angegriffen werden kann. Sie tritt vor allem mit Ablauf der Widerspruchs- bzw. Klagefrist (§§ 70, 74 VwGO) ein. Losgelöst davon ist die Vollstreckbarkeit der Grundverfügung aber auch dann gegeben, wenn die Grundverfügung **sofort vollziehbar** ist im Sinne von § 80 Abs. 2 VwGO und so Rechtsbehelfen gegen die Grundverfügung keine aufschiebende Wirkung zukommt. Sofort vollziehbar ist eine Grundverfügung dann, wenn dies entweder durch Gesetz (§ 80 Abs. 2 Satz 1 Nr. 1 bis 3a VwGO)

II. Vollstreckung zur Erzwingung von Handlungen, Duldungen oder Unterlassungen

oder durch behördliche Entscheidung (§ 80 Abs. 2 Satz 1 Nr. 4 VwGO) angeordnet ist (vertiefend hierzu *Erbguth/Guckelberger*, § 21 Rn. 3 ff.). Im Bundesrecht ist das Erfordernis der Vollstreckbarkeit der Grundverfügung in § 6 Abs. 1 VwVG verankert.

512 Voraussetzung für jede Vollstreckungsmaßnahme ist zudem, dass die Grundverfügung **wirksam** ist. Dies erfordert, dass sie ordnungsgemäß bekannt gegeben wurde (§ 43 Abs. 1 VwVfG) und nicht nichtig ist (§ 43 Abs. 3 VwVfG). Für die Rechtmäßigkeit der Vollstreckung kommt es demgegenüber regelmäßig nicht darauf an, ob die zu vollstreckende Grundverfügung rechtmäßig oder rechtswidrig ist (zu Sonderkonstellationen vgl. *Erbguth/Guckelberger*, § 19 Rn. 13).

Für eine Fallbearbeitung bedeutet dies, dass an dieser Stelle ggf. inzident etwaige Bekanntgabeprobleme (vgl. dazu Rn. 394 ff. – Kapitel 6) sowie die Nichtigkeitsgründe nach § 44 LVwVfG (vgl. dazu Rn. 434 ff.) zu prüfen sind.

513 Eine Vollstreckung ist darüber hinaus nur dann möglich, wenn **kein Vollstreckungshindernis** besteht. Ein solches kann aus verschiedenen Gründen entstehen. Praxis- und prüfungsrelevant sind insoweit vor allem Fälle, in denen es dem Pflichtigen aus objektiven oder subjektiven Gründen rechtlich unmöglich ist, seine Verpflichtung zu erfüllen. Müsste etwa der Pflichtige zur Erfüllung seiner Verpflichtung in Rechte eines Dritten eingreifen, liegt ein Vollstreckungshindernis vor, das sich nur durch die Einwilligung des Dritten oder den Erlass einer Duldungsverfügung ausräumen lässt (vgl. hierzu auch *Erbguth/Guckelberger*, § 19 Rn. 22).

514 **b) Besondere Vollstreckungsvoraussetzungen.** Bei den besonderen Vollstreckungsvoraussetzungen geht es darum, ob die Voraussetzungen der jeweiligen Stufe des Vollstreckungsverfahrens (Androhung/Festsetzung/Anwendung) und des konkret ausgewählten Zwangsmittels vorliegen.

515 In Bezug auf die einzelnen Stufen des Vollstreckungsverfahrens müssen jeweils die stufenspezifischen Voraussetzungen eingehalten sein, die unter Rn. 504 ff. angedeutet sind. Dabei ist zu beachten, dass es im gestreckten Vollstreckungsverfahren für den Übergang auf die nächste Stufe grundsätzlich genügt, wenn die jeweilige Vorstufe wirksam ist. Es muss mithin – insbesondere wenn Rechtsbehelfe im Vollstreckungsverfahren eingelegt werden – nicht auf jeder Stufe die vollständige Rechtmäßigkeit der vorausgehenden Stufe überprüft werden (*Peine/Siegel*, § 16 Rn. 705).

516 Mit Blick auf das konkret in Rede stehende Zwangsmittel ist insbesondere entscheidend, dass die Vollstreckungsbehörde bei der Auswahl den Grundsatz der Verhältnismäßigkeit wahrt und ein geeignetes, erforderliches und angemessenes Zwangsmittel heranzieht (vgl. § 9 Abs. 2 VwVG).

517 **4. Sonstiges.** Abgeschlossen wird der Überblick über die vollstreckungsrechtlichen Grundlagen mit Hinweisen auf praxis- und prüfungsrelevante Sonderthemen des Vollstreckungsrechts.

518 **a) Sofortiger Vollzug.** In akuten Gefahrenlagen kann der Erlass einer Grundverfügung mit anschließendem dreistufigen Vollstreckungsverfahren nicht abgewartet werden, sondern es muss umgehend gehandelt werden. In diesen Fällen ist ausnahmsweise ein sog. sofortiger Vollzug möglich, durch den die erforderlichen Verwaltungszwangsmaßnahmen auch ohne einen vorausgehenden Grundverwaltungsakt sofort und unmittelbar angewendet werden können. Voraussetzung hierfür ist, dass die rechtlichen Voraussetzungen für den – wegen Eilbedürftigkeit unterbliebenen – Grundverwaltungsakt vorliegen (Erfordernis einer sog. rechtmäßigen fiktiven Grundverfügung), die Voraussetzungen des jeweiligen Zwangsmittels gegeben sind und zudem die sofortige Vollziehung zur Abwehr einer drohenden Gefahr notwendig ist.

519 Beispiel:
Bei einem Unfall ist ein Gefahrguttransporter umgestürzt und es tritt giftige und hochentzündliche Flüssigkeit aus. In diesem Fall kann die gebotene Zwangsmaßnahme, hier die Beauftragung eines Spezialunternehmens zur Beseitigung der Giftstoffe (Fall der Ersatzvornahme), sofort und unmittelbar durchgeführt werden.

520 Der sofortige Vollzug, mitunter auch als unmittelbare Ausführung bezeichnet (zur Abgrenzung vgl. *Erbguth/Guckelberger*, § 19 Rn. 20 f.), ist bundesrechtlich in § 6 Abs. 2 VwVG geregelt, jedoch nicht in allen Landesgesetze ausdrücklich verankert. Er ist von seiner Rechtsnatur nach h. M. als **Realakt** zu qualifizieren (vgl. m. w. N. *Maurer/Waldhoff*, § 20 Rn. 26).

Abzugrenzen ist der Sofortvollzug im Rahmen der Verwaltungsvollstreckung, der die Anwendung von Verwaltungszwang ohne einen vorausgehenden Grundverwaltungsakt ermöglicht, von der Anordnung der sofortigen Vollziehung eines (bestehenden) Verwaltungsaktes nach § 80 Abs. 2 Satz 1 Nr. 4 VwGO (näher dazu im Exkurs zur Bescheidtechnik [II. 2.], der im Download-Bereich zur Verfügung steht).

II. Vollstreckung zur Erzwingung von Handlungen, Duldungen oder Unterlassungen

Ist im Wege des sofortigen Vollzuges eine Vollstreckung ohne Grundverfügung möglich, so ist unter denselben Voraussetzungen erst recht auch ein sog. **abgekürztes Vollstreckungsverfahren** möglich, in dem zwar eine Grundverfügung ergeht, aber wegen Eilbedürftigkeit von einzelnen Verfahrensschritten des gestreckten Vollstreckungsverfahren (insbes. der Androhung und/oder der Festsetzung des Zwangsmittels) abgesehen werden kann. Mitunter ist ein solches verkürztes Vollstreckungsverfahren landesrechtlich explizit verankert (z. B. § 21 LVwVG BW). **521**

b) Rechtsschutz. Für die Rechtsschutzmöglichkeiten des Bürgers muss zwischen dem Rechtsschutz gegen den Grundverwaltungsakt und dem Rechtsschutz gegen einzelne Vollstreckungsmaßnahmen unterschieden werden. **522**

Für den **Rechtsschutz gegen die Grundverfügung** gilt nach den allgemeinen Regeln des Verwaltungsprozessrechts, dass der Betroffene (solange die Grundverfügung noch nicht bestandskräftig ist) mittels Widerspruchs oder Anfechtungsklage Einwendungen gegen die Grundverfügung geltend machen und deren Aufhebung erreichen kann. Wird die Grundverfügung daraufhin aufgehoben, ist die Vollstreckungsgrundlage entfallen und nachfolgende Vollstreckungsmaßnahmen sind rechtswidrig. **523**

Mit **Rechtsbehelfen gegen Vollstreckungsmaßnahmen** kann grundsätzlich nur die Rechtswidrigkeit der Vollstreckung, nicht aber die Rechtswidrigkeit der Grundverfügung geltend gemacht werden. Zu beachten ist insoweit, dass sowohl die **Androhung** als auch die **Festsetzung** eines Zwangsmittels mit Widerspruch und Anfechtungsklage angegriffen werden können. Dies ergibt sich bereits aus deren Rechtsnatur als Verwaltungsakte und ist für die Androhung zudem in § 18 Abs. 1 Satz 1 VwVG klargestellt. Die **Anwendung** eines Zwangsmittels ist demgegenüber als Realakt zu qualifizieren und mit der allgemeinen Leistungs- oder Feststellungsklage angreifbar. Für die Fälle des sofortigen Vollzugs nach Bundesrecht (§ 6 Abs. 2 VwVG), die ebenfalls als Realakte einzuordnen sind, gilt die Besonderheit, dass hiergegen gleichwohl Widerspruch und Anfechtungsklage statthaft sind (§ 18 Abs. 2 VwVG). Zudem ist zu beachten, dass nach den Regelungen der meisten Bundesländer Widerspruch und Anfechtungsklage gegen Maßnahmen in der Verwaltungsvollstreckung keine aufschiebende Wirkung haben (z. B. § 12 LVwVG BW und § 8 AG VwGO NRW, beruhend auf § 80 Abs. 2 Satz 2 VwGO). Hierdurch sollen Verzögerungen durch die Einlegung von Rechtsmitteln im Verwaltungsvollstreckungsverfahren verhindert werden; vertiefend zum Rechtsschutz *Erbguth/Guckelberger*, § 19 Rn. 24 ff. **524**

135

525 c) **Kosten der Verwaltungsvollstreckung.** Die Kosten der Vollstreckung treffen den Vollstreckungsschuldner; sie werden ihm durch Kostenbescheid auferlegt (vgl. § 19 VwVG). Gegen diesen Kostenbescheid kann sich der Betroffene mit Rechtsbehelfen zur Wehr setzen. Dabei ist zu berücksichtigen, dass die Verwaltung eine Kostenerstattung nur für rechtmäßige Vollstreckungsmaßnahmen verlangen kann (insoweit ist eine inzidente Prüfung der Rechtmäßigkeit der zugrunde liegenden Vollstreckungsmaßnahme geboten). Unerheblich ist es nach h. M. demgegenüber, ob der der Vollstreckungsmaßnahme zugrunde liegende Grundverwaltungsakt seinerseits rechtmäßig war (weiter differenzierend hierzu *Detterbeck*, § 20 Rn. 1050).

III. Vollstreckung wegen Geldforderungen

526 Die Vollstreckung von öffentlich-rechtlichen Geldforderungen, wie allen voran Steuern, Gebühren und Beiträgen, richtet sich nach §§ 1–5 VwVG bzw. den entsprechenden landesrechtlichen Regelungen. Sie wird eingeleitet durch eine sog. **Vollstreckungsanordnung** der Behörde, die den Zahlungsanspruch geltend machen darf, gerichtet an die Vollstreckungsbehörde, die für die Vollstreckung zuständig ist. Nach § 3 Abs. 2 VwVG ist eine Vollstreckungsanordnung zulässig, wenn ein Leistungsbescheid ergangen ist, durch den der Schuldner zur Leistung aufgefordert worden ist, die Leistung fällig ist und zudem eine Woche seit Bekanntgabe des Leistungsbescheid oder seit Eintritt der Fälligkeit verstrichen ist. Darüber hinaus soll der Schuldner nach § 3 Abs. 3 VwVG vor Anordnung der Vollstreckung mit einer weiteren einwöchigen Zahlungsfrist gemahnt werden.

527 Nachdem die Vollstreckungsanordnung ergangen ist, kann der Geldbetrag sodann beigetrieben werden. Das weitere Verfahren richtet sich im Wesentlichen nach den Vorschriften der Abgabenordnung (§ 5 Abs. 1 VwVG), die wiederum teilweise auf die Zivilprozessordnung verweisen. Danach kann etwa die Pfändung beweglicher Sachen ebenso wie von Forderungen in Betracht kommen oder auch in das unbewegliche Vermögen vollstreckt werden (z. B. durch Zwangsversteigerung). Näher hierzu, insbesondere auch zu den sich stellenden Rechtsschutzfragen, vgl. *Detterbeck*, § 20 Rn. 1014 ff.

9. Kapitel   Haftung für Verwaltungshandeln

Die Frage, ob und wie der Staat für hoheitliches Verwaltungshandeln haftet, das bei Bürgern zu Schäden oder sonstigen Nachteilen geführt hat, erlangt in der Praxis – und damit auch in der Prüfung – immer größere Bedeutung. Diese Entwicklung ist insbesondere im Lichte der ergriffenen vielfältigen staatlichen Maßnahmen zur Bekämpfung der COVID-19-Pandemie zu sehen, die bei Betroffenen teils zu beachtlichen Verlusten an Einkommen, Umsätzen und Einnahmen geführt und damit zunehmend Fragen nach staatlichen Ausgleichsleistungen für geschädigte Betriebe und Personen in den Fokus der Öffentlichkeit gerückt haben (vgl. etwa *Itzel*, MDR 2021, 649 ff.). **528**

Im Jahr 1981 hatte der Bundesgesetzgeber einen Anlauf unternommen, diesen vielschichtigen Regelungskomplex der staatlichen Haftung für hoheitliches Verwaltungshandeln einheitlich in einem sog. Staatshaftungsgesetz zu regeln. Dieses Unterfangen scheiterte letztlich am Urteil des Bundesverfassungsgerichts vom 19.10.1982 (BVerfGE 61, 149), in dem das Gesetz mangels Gesetzgebungskompetenz für nichtig erklärt wurde. Durchgesetzt hat sich seitdem gleichwohl – trotz dogmatischer Unschärfen – die Bezeichnung der Rechtsmaterie als **Staatshaftungsrecht**. Trotz zwischenzeitlicher Erweiterung der Gesetzgebungskompetenz in Art. 74 Abs. 1 Nr. 25 GG hat der Bund bis heute keinen weiteren Anlauf zur Vereinheitlichung des Staatshaftungsrechts unternommen. Der Rechtsanwender ist daher (weiterhin) mit einer zersplitterten, historisch aus verschiedenen Rechtsquellen erwachsenen Regelungslage konfrontiert, die – wie kaum eine andere Rechtsmaterie – richterrechtlich geprägt und stetig fortentwickelt wird. **529**

Zu den wichtigsten Säulen des Staatshaftungsrechts zählen **530**
- **Amtshaftungsansprüche** wegen rechtswidrigen schuldhaften Verhaltens eines Beamten oder anderer öffentlicher Bediensteter (I.),
- **Folgenbeseitigungsansprüche** zur Beseitigung der Folgen rechtswidrigen Verwaltungshandelns (II.),
- **Entschädigungsansprüche** wegen Eigentumsbeeinträchtigungen oder sonstiger Aufopferung für das Gemeinwohl (III.) und
- **öffentlich-rechtliche Erstattungsansprüche** zur Rückabwicklung rechtsgrundlos erfolgter Vermögensverschiebungen (IV.).

9. Kapitel Haftung für Verwaltungshandeln

I. Amtshaftungsansprüche

531 Den Kernbereich des Staatshaftungsrechts bildet der Amtshaftungsanspruch wegen rechtswidrigen schuldhaften Verhaltens eines Beamten oder eines anderen öffentlichen Bediensteten nach § 839 Abs. 1 Satz 1 BGB i. V. m. Art. 34 GG.

532 Bei der Regelung des § 839 BGB handelt es sich um einen Sondertatbestand im Recht der unerlaubten Handlungen, der eine persönliche Haftung eines Beamten für Schäden vorsieht, die einem Dritten wegen schuldhafter Verletzung seiner Amtspflichten entstehen. Der Anwendungsbereich der beamtenrechtlichen Eigenhaftung ist jedoch wegen Art. 34 GG beschränkt. Denn danach wird die beamtenrechtliche Eigenhaftung im Sinne einer befreienden Schuldübernahme auf den Staat oder die Körperschaft, in deren Dienst der Beamte steht, verlagert, soweit die Amtspflichtverletzung in Ausübung eines öffentlichen Amtes stattgefunden hat. Der Staat haftet daher in diesen Fällen nicht neben dem Beamten, sondern an seiner Stelle, sofern in der Person des Beamten alle Voraussetzungen für eine Haftung nach § 839 Abs. 1 Satz 1 BGB erfüllt sind. § 839 BGB wird daher überwiegend als haftungsbegründende und Art. 34 GG als daran anknüpfende haftungsverlagernde Norm verstanden. Gemeinsam bilden beide Vorschriften eine einheitliche Anspruchsgrundlage für den Amtshaftungsanspruch, für den im Einzelnen folgende Voraussetzungen gegeben sein müssen (vgl. *Maurer/Waldhoff*, § 26 Rn. 7 ff.):
- Handeln oder Unterlassen in Ausübung eines öffentlichen Amtes,
- Verletzung einer drittbezogenen Amtspflicht,
- Verschulden
- Kausalität der Pflichtverletzung für den Schaden,
- keine Haftungsausschlüsse oder -beschränkungen.

533 1. Voraussetzungen. Zu den Anspruchsvoraussetzungen des Amtshaftungsanspruchs nach § 839 BGB i. V. m. Art. 34 GG im Einzelnen:

534 a) **Handeln oder Unterlassen in Ausübung eines öffentlichen Amtes.** Art. 34 Satz 1 GG verlangt, dass *„jemand in Ausübung eines ihm anvertrauten öffentlichen Amtes"* gehandelt hat. Durch das Anknüpfen an ein **öffentliches Amt** wird der Kreis der eine Haftung auslösenden Handelnden weit ausgedehnt und ein **haftungsrechtlicher Beamtenbegriff** etabliert. Ein öffentliches Amt übt aus, wer durch einen Träger öffentlicher Gewalt mit der Wahrnehmung hoheitlicher Aufgabe betraut und diesbezüglich tätig wird. Hierzu zählen nicht nur Beamte im statusrechtlichen Sinne, sondern alle Angehörigen des öffentlichen Dienstes (z. B. auch Angestellte und Arbeiter des öffentlichen Dienstes, Richter, Parlamentsabgeordnete). Aber auch Private können hiervon erfasst sein, wenn ihnen als Beliehene hoheitliche Aufgaben zur Erledigung übertragen worden sind oder wenn sie als Verwaltungshelfer in die Wahrnehmung hoheitlicher Aufgaben einbezogen wurden (vgl. hierzu Rn. 40 f. sowie vertiefend *Maurer/ Waldhoff*, § 26 Rn. 12 f.).

Entscheidend für das Eingreifen eines Amtshaftungsanspruchs ist, dass die handelnde Person hoheitlich tätig ist oder ihr Verhalten einem Hoheitsträger zugerechnet wird. Damit wird auch im Staatshaftungsrecht die **Abgrenzung zwischen öffentlich-rechtlichem und privatrechtlichem Handeln** der Verwaltung von Bedeutung und bereitet in der Praxis teilweise erhebliche Schwierigkeiten. Sofern der Gesetzgeber keine gesetzliche Zuordnung getroffenen hat (vgl. etwa § 59 StrG BW, wonach die Verkehrssicherungspflicht an Straßen als hoheitliche Aufgabe zählt), ist zur Abgrenzung auf die hierzu etablierten allgemeinen Abgrenzungstheorien zurückzugreifen (Rn. 30 f.). **535**

Das schädigende Verhalten muss zudem „in Ausübung" eines öffentlichen Amtes erfolgen. Dies verlangt, dass sowohl ein innerer als auch ein äußerer Zusammenhang zwischen der Erledigung der hoheitlichen Aufgaben und der schädigenden Handlung besteht. Nicht mehr in Ausübung eines öffentlichen Amtes handelt ein Amtsträger, wenn die schädigende Handlung nur „bei Gelegenheit" der Amtsausübung vorgenommen wird (z. B. ein Polizist entwendet anlässlich einer Wohnungsdurchsuchung Gegenstände im eigenen Interesse). **536**

b) Verletzung einer drittbezogenen Amtspflicht. Sowohl § 839 BGB als auch Art. 34 Satz 1 GG erfordern ferner, dass der Amtsträger eine ihm einem Dritten gegenüber obliegende Amtspflicht verletzt hat. Zu den **Amtspflichten** gehören alle persönlichen Verhaltenspflichten des Amtsträgers in Bezug auf seine Amtsführung, die ihm im Innenverhältnis gegenüber seinem Dienstherrn obliegen. Insoweit kommen alle durch Rechtsnormen oder verwaltungsinterne Regelungen auferlegte Pflichten in Betracht. **537**

Die wichtigste Amtspflicht ist die **Pflicht zur rechtmäßigen Amtsausübung**. Hierzu gehören folgende praktisch bedeutsame Konstellationen (vertiefend hierzu *Itzel/Schwall*, Rn. 38 ff.): **538**
- Amtspflicht zur Unterlassung unerlaubter Handlungen,
- Amtspflicht, keine rechtswidrigen Verwaltungsakte zu erlassen,
- Amtspflicht zur fehlerfreien Ermessensausübung und zur Ausfüllung eines Beurteilungsspielraums,
- Amtspflicht zu zuständigkeits- und verfahrensgemäßem Verhalten,
- Amtspflicht zur raschen Sachentscheidung,

- Amtspflicht zur Erteilung ordnungsgemäßer Auskünfte und Belehrungen,
- Amtspflicht zur Behebung von Fehlern,
- Amtspflicht zur Verschwiegenheit und zum Gehorsam,
- Amtspflicht zur Beachtung der höchstrichterlichen Rechtsprechung und zu gemeinschaftsrechtskonformem Verhalten.

539 Die verletzte Amtspflicht muss zudem **drittbezogen** sein, d. h. sie muss gerade gegenüber dem geschädigten Dritten bestehen und dessen Schutz bezwecken. Ob eine solche drittbezogene Amtspflicht besteht, beurteilt sich danach, ob die Amtspflicht neben der Erfüllung allgemeiner Interessen und öffentlicher Zwecke zumindest auch den Zweck verfolgt, die Interessen des Dritten wahrzunehmen. Ähnlichkeiten zur Ermittlung des subjektiv-öffentlichen Rechts nach der Schutznormtheorie liegen auf der Hand (vgl. dazu Rn. 79 sowie *Erbguth/Guckelberger*, § 37 Rn. 12). Die Prüfung der Drittbezogenheit bereitet in der Praxis – und in der Prüfung – häufig große Schwierigkeiten. Die Rechtsprechung hat hierzu eine umfangreiche Kasuistik entwickelt.

540 Eine Drittbezogenheit wird regelmäßig u. a. in folgenden Fällen **bejaht** (vgl. m. w. N. *Itzel/Schwall*, Rn. 85 ff., 465 ff.):
- bei öffentlich-rechtlichen Verkehrssicherungspflichten, etwa im Bereich des Straßenverkehrs zugunsten potenziell gefährdeter Verkehrsteilnehmer (z. B. nach § 59 StrG DW),
- beim Erlass rechtswidriger Verwaltungsakte, wenn der Geschädigte Adressat war oder sich als Nichtadressat auf ein eigenes subjektiv-öffentliches Recht berufen kann (z. B. der Nachbar, wenn die erteilte Baugenehmigung gegen nachbarschützende Bestimmungen des Abstandsflächenrechts verstößt);
- bei Auskünften und Belehrungen gegenüber jedem Dritten, in dessen Interesse oder auf dessen Antrag hin eine Auskunft oder eine Belehrung erteilt wird.

541 Eine Drittbezogenheit wird regelmäßig u. a. in folgenden Fällen **verneint** (vgl. m. w. N. *Itzel/Schwall*, Rn. 85 ff., 465 ff.):
- bei behördeninternen Amtspflichten, insbesondere etwa Weisungen des Vorgesetzten, organisatorischen Maßnahmen oder Erlassen an die nachgeordneten Behörden, sofern es sich nicht um Weisungen in Bezug auf bestimmte Personen handelt;
- nach der Rspr. des BGH beim Erlass von rechtswidrigen Rechtsnormen (formellen Gesetzen, Rechtsverordnungen, Satzungen), sog. legislatives Unrecht.

c) **Verschulden.** Der Amtsträger muss gegen die drittbezogene Amtspflicht vorsätzlich oder (zumindest) fahrlässig i. S. d. § 276 Abs. 2 BGB verstoßen haben. Bei der Prüfung kommt ein *objektivierter Sorgfaltsmaßstab* zur Anwendung, wonach für die Beurteilung des Verschuldens auf die Kenntnisse und Fähigkeiten abzustellen ist, die für die Führung des *konkret übernommenen Amtes* im Durchschnitt erforderlich sind. Es wird insoweit auf den **pflichtgetreuen Durchschnittsbeamten** abgestellt, der insbesondere über die notwendigen Rechts- und Verwaltungskenntnisse verfügt. Von diesem wird erwartet, dass er die Rechtslage sorgfältig prüft. Kommt es gleichwohl zu einer Fehleinschätzung, scheidet ein Verschuldensvorwurf aus, wenn der Amtsträger bei seiner Prüfung zu einem rechtlich vertretbaren Ergebnis gelangt ist (vgl. m. w. N. etwa BGH, NVwZ-RR 2021, 66, 67). Ein Verschuldensvorwurf ist einem Amtsträger auch dann nicht zu machen, wenn ein mit mehreren Berufsrichtern besetztes Kollegialgericht (nicht ein Einzelrichter) die Amtstätigkeit als objektiv rechtmäßig beurteilt hat (vgl. m. w. N. etwa BGH, NVwZ-RR 2021, 298, 299). Eine Besonderheit stellt das sog. Organisationsverschulden dar, wonach Mängel innerhalb der Behörde dem jeweiligen Vorgesetzen bzw. dem für die Mängel Verantwortlichen zugerechnet werden; vertiefend hierzu auch *Erbguth/Guckelberger*, § 37 Rn. 15 ff.

542

d) **Kausalität der Pflichtverletzung für den Schaden.** Beim Betroffenen muss ferner ein Schaden entstanden sein, der adäquat kausal auf die Verletzung der Amtspflicht zurückzuführen ist.

543

e) **Haftungsausschlüsse oder -beschränkungen.** Trotz Vorliegens der Anspruchsvoraussetzungen kann ein Amtshaftungsanspruch ausgeschlossen oder begrenzt sein, wenn Haftungsausschlussgründe oder Haftungsbeschränkungen eingreifen.

544

§ 839 Abs. 1 Satz 2 BGB sieht insoweit vor, dass Amtshaftungsansprüche bei fahrlässigen Amtspflichtverletzungen entfallen können, wenn der Geschädigte auf andere Weise Ersatz verlangen kann (sog. **Subsidiaritätsklausel**). Dieser Haftungsausschluss wird zwischenzeitlich restriktiv ausgelegt und ist nach ständiger Rechtsprechung insbesondere **nicht anwendbar**, wenn

545

- sich der anderweitige **Ersatzanspruch gegen denselben oder einen anderen Hoheitsträger** richtet (Haftungseinheit der öffentlichen Hand),
- sich der **Ersatzanspruch gegen eine Versicherung** richtet, deren Leistung der Geschädigte durch eigene Beiträge (etwa Leistungen der Kranken-, Lebens- oder Kaskoversicherung) erworben hat,

- der Schaden aufgrund der **Teilnahme des Amtsträgers am Straßenverkehr** (ohne Inanspruchnahme von Sonderrechten nach §§ 35, 38 StVO, wie Blaulicht oder Martinshorn) entstanden ist oder
- wenn der Anspruch auf einer **schuldhaften Verletzung einer öffentlich-rechtlichen Straßenverkehrssicherungspflicht** beruht.

Vertiefend *Itzel/Schwall*, Rn. 176 ff. m. w. N.

546 Ein Haftungsausschluss oder eine Haftungsbeschränkung kann sich nach § 254 BGB auch aufgrund eines Mitverschuldens des Geschädigten ergeben. Hierzu zählt insbesondere das Versäumen von Rechtsmitteln mit Erfolgsaussichten gem. § 839 Abs. 3 BGB. Zu dem weiteren Spruchrichterprivileg gem. § 839 Abs. 2 BGB für den Bereich der Rechtsprechung vgl. näher *Maurer/Waldhoff*, § 26 Rn. 33 ff.

547 **2. Rechtsfolge.** Dem Geschädigten steht gegenüber dem Staat, genauer gesagt gegenüber dem jeweiligen Verwaltungsträger, in dessen Dienst der Amtswalter steht, grundsätzlich ein **Anspruch auf Schadensersatz in Geld** hinsichtlich des materiellen oder auch immateriellen Schadens zu. Ein Anspruch auf Vornahme oder Unterlassung einer Amtshandlung (z. B. Widerruf einer Erklärung oder Erlass eines Verwaltungsaktes) als eine Art Naturalrestitution (§ 249 Satz 1 BGB) kommt nicht in Betracht, zumal die Staatshaftung von der persönlichen Haftung des Amtswalters abgeleitet wird und der Amtsträger als persönlicher Schuldner hierzu nicht befugt ist. Bei Vorsatz oder grob fahrlässigem Fehlverhalten kann der Dienstvorgesetzte Regress beim Amtsträger nehmen (siehe Art. 34 Satz 2 GG).

II. Folgenbeseitigungsansprüche

548 Der durch Richterrecht geprägte und gewohnheitsrechtlich anerkannte allgemeine Folgenbeseitigungsanspruch ist auf die **Beseitigung der tatsächlichen Folgen rechtswidrigen Verwaltungshandelns** gerichtet und damit auf die **Wiederherstellung des ursprünglichen** rechtmäßigen **Zustandes** (vgl. BVerwGE 94, 100, 103). Die Rechtsgrundlage des Folgenbeseitigungsanspruchs ist – obgleich vom Gesetzgeber in § 113 Abs. 1 Satz 2 VwGO vorausgesetzt – seit langem umstritten. Er wird teilweise auf das Rechtsstaatsprinzip, die Grundrechte oder zivilrechtliche Vorschriften in entsprechender Anwendung gestützt (vgl. *Maurer/Waldhoff*, § 30 Rn. 4 m. w. N.).

Tatbestandlich setzt der Anspruch auf Folgenbeseitigung ein hoheitliches Handeln voraus, durch das unmittelbar in subjektiv-öffentliche Rechte eingegriffen worden ist und so rechtswidrige und rechtsgrundlose Folgen herbeigeführt hat. Zudem muss die Wiederherstellung des ursprünglichen Zustands tatsächlich möglich, rechtlich zulässig und für die Verwaltung auch zumutbar sein (vertiefend *Detterbeck*, § 24 Rn. 1201 ff.). **549**

Beispiel: **550**
Bei Arbeiten durch Mitarbeiter des städtischen Bauhofs werden Anpflanzungen im Vorgarten des unmittelbar angrenzenden Privatgrundstücks zerstört.

Als Rechtsfolge sieht der Folgenbeseitigungsanspruch nicht Schadensersatz oder Entschädigung vor, sondern die Wiederherstellung des ursprünglichen oder eines gleichwertigen Zustands. Insofern werden lediglich die unmittelbaren Folgen des rechtswidrigen hoheitlichen Handelns ausgeglichen (vertiefend *Detterbeck*, § 24 Rn. 1221 ff.). **551**

Beispiel: **552**
Im obigen Beispiel bedeutet dies, dass als Rechtsfolge entsprechende neue Anpflanzungen vorzunehmen sind.

III. Entschädigungsansprüche

Eine weitere wichtige Säule des Staatshaftungsrechts bilden die Entschädigungsansprüche. Diese zielen nicht auf eine Wiedergutmachung für Verwaltungsunrecht ab, sondern auf einen **Ausgleich für Sonderopfer**, die einem Einzelnen bei schweren, zu Gunsten der Allgemeinheit vorgenommenen Eingriffen in seine Rechtsgüter entstanden sind. Dabei werden entsprechende Eingriffe in Vermögensrechte (Art. 14 Abs. 1 GG) als **Enteignung** und Eingriffe in nichtvermögenswerte Rechte wie Leben, Gesundheit und Freiheit (Art. 2 Abs. 2 GG) als **Aufopferung** bezeichnet (siehe *Fleckenstein/Peters*, in: Schweickhardt/Vondung/Zimmermann-Kreher, Rn. 1144 m.w.N.; vertiefend zu den Entschädigungsansprüchen *Detterbeck*, § 22 Rn. 1108 ff.). Innerhalb der Entschädigungsansprüche ist wie folgt zu differenzieren: **553**

1. **Ansprüche auf Enteignungs- und Aufopferungsentschädigung.** Ein Anspruch auf Enteignungsentschädigung setzt eine rechtmäßige Enteignung **554**

voraus. Eine Enteignung ist eine durch **gezielten** hoheitlichen Rechtsakt erfolgende Einziehung von Eigentumspositionen i. S. d. Art. 14 Abs. 1 Satz 1 GG. Eine Enteignungsentschädigung kommt dabei nur bei einer **rechtmäßigen** Enteignung in Betracht, die insbesondere eine **einfachgesetzliche Grundlage** zur Ermächtigung und zur Entschädigung der Enteignung i. S. d. Art. 14 Abs. 3 Satz 2 GG erfordert und zudem voraussetzt, dass der Eigentumseingriff dem Wohl der Allgemeinheit dient (Art. 14 Abs. 3 Satz 1 GG) und auch im Übrigen rechtmäßig, insbesondere verhältnismäßig, erfolgt ist (vertiefend hierzu *Detterbeck*, § 22 Rn. 1110 ff.). Entsprechendes gilt im Fall der Aufopferungsentschädigung, die einen rechtmäßigen Eingriff in geschützte Rechtsgüter nach Art. 2 Abs. 2 GG verlangt. Einfachgesetzliche Enteignungs- und Aufopferungsentschädigungsvorschriften finden sich in verschiedensten spezialgesetzlichen Regelungen, so etwa in §§ 93 ff. BauGB für städtebauliche Enteignungen nach §§ 85 ff. BauGB.

555 **2. Ansprüche wegen enteignungs- und aufopferungsgleichem Eingriff.** Entschädigungsansprüche bestehen aber auch dann, wenn sich die auf der Grundlage der Enteignungs- und Aufopferungsregelungen vorgenommenen Eingriffe nicht innerhalb der Ermächtigungsregelungen bewegen und daher **rechtswidrig** erfolgen. In diesen Fällen kommen die Entschädigungsansprüche erst recht zur Anwendung, d. h. wenn schon ein Entschädigungsanspruch für rechtmäßige Zugriffe gewährt wird, dann erst recht auch bei rechtswidrigen Eingriffen. Man spricht insoweit von Ansprüchen aus enteignungs- und aufopferungsgleichem Eingriff. Die Rechtsfigur des enteignungs- bzw. aufopferungsgleichen Eingriffs ist aus dem allgemeinen Aufopferungsgedanken der §§ 74, 75 der Einleitung zum Allgemeinen Preußischen Landrecht von 1794 (EinlALR) abgeleitet und gewohnheitsrechtlich anerkannt (vertiefend hierzu *Erbguth/Guckelberger*, § 39 Rn. 30 ff.). Neben den Entschädigungsansprüchen kommen in derartigen Fällen freilich auch Amtshaftungsansprüche wegen rechtswidrigem Verwaltungshandeln in Betracht (Rn. 531 ff.).

556 **3. Ansprüche wegen enteignendem und aufopferndem Eingriff.** Entschädigungsansprüche können darüber hinaus auch aufgrund eines sog. enteignenden oder aufopfernden Eingriffs bestehen. Ein solcher Eingriff liegt vor, wenn durch **rechtmäßiges** öffentlich-rechtliches Handeln unmittelbar in Eigentum oder Leben, Gesundheit und Freiheit eingegriffen wird und der Eingriff und seine Folgen für den Betroffenen ein Sonderopfer bedeuten (vgl. *Detterbeck*, § 22 Rn. 1161). Vielfach handelt es sich beim enteignenden bzw. aufopfernden Eingriff um **atypische und nicht vorhersehbare Nebenfolgen** eines rechtmäßigen Verwaltungshandelns.

> **Beispiel:**
> Die von einer Kommune rechtmäßig betriebene Mülldeponie zieht Vögel an, die die Aussaat auf den angrenzenden landwirtschaftlichen Anbauflächen vernichten.

557

Auch ohne Vorliegen einer einfachgesetzlichen Entschädigungsregelung können in diesen Fällen Entschädigungsansprüche entstehen. Ob derartige Nebenfolgen ein Sonderopfer begründen und mithin einen Entschädigungsanspruch auslösen, ist im Einzelfall zu prüfen. Maßgeblich ist, ob der Eingriff und seine unmittelbaren Folgen für den Betroffenen derart schwerwiegend sind, dass eine entschädigungslose Hinnahme unzumutbar ist (vgl. m. w. N. *Erbguth/ Guckelberger*, § 39 Rn. 45). Dabei bedarf es bei einem enteignenden Eingriff der Abgrenzung zur – entschädigungslos hinzunehmenden – Sozialbindung des Eigentums und bei einem aufopfernden Eingriff der Abgrenzung zum allgemeinen Lebensrisiko (siehe *Fleckenstein/Peters*, in: Schweickhardt/Vondung/ Zimmermann-Kreher, Rn. 1142 m. w. N.).

558

Auch der enteignende bzw. aufopfernde Eingriff ist (wie der enteignungs- bzw. aufopferungsgleiche Eingriff) auf der Grundlage des allgemeinen Aufopferungsgedankens der §§ 74, 75 EinlALR gewohnheitsrechtlich anerkannt. Vom enteignungs- bzw. aufopferungsgleichen Eingriff unterscheidet er sich im Wesentlichen dadurch, dass er nicht an ein rechtswidriges, sondern ein rechtmäßiges Verwaltungshandeln anknüpft. Von den Ansprüchen wegen Enteignungs- bzw. Aufopferungsentschädigung unterscheidet er sich vor allem dadurch, dass er nicht gezielt in Rechtspositionen eingreift und dass eine einfachgesetzliche Entschädigungsregelung fehlt.

559

Sofern spezialgesetzliche Regelungen bestehen (wie etwa die polizeirechtlichen Vorschriften zur Inanspruchnahme von Nichtstörern), ist der Anwendungsbereich des Instituts des enteignenden oder aufopfernden Eingriffs nicht eröffnet.

560

4. Ansprüche aufgrund ausgleichspflichtiger Inhalts- und Schrankenbestimmungen. Grundsätzlich hat ein Eigentümer Inhalts- und Schrankenbestimmungen des Eigentums i. S. v. Art. 14 Abs. 1 Satz 2 GG entschädigungslos hinzunehmen. Nach der Rechtsprechung des Bundesverfassungsgerichts müssen jedoch ausnahmsweise in besonderen Härtefällen auch dann Ausgleichsansprüche gewährt werden, wenn Inhalts- und Schrankenbestimmungen einzelne Eigentümer **unverhältnismäßig belasten** (vgl. etwa BVerfGE 100, 226 ff.). Solche ausgleichspflichtigen Inhalts- und Schrankenbestimmungen liegen vor, wenn besonders intensiv in Eigentumspositionen eingegriffen wird. Entschei-

561

dend ist dabei, ob die jeweilige Inhalts- und Schrankenbestimmung für den Eigentümer im Hinblick auf ihre Schwere, Intensität und Dauer unter Berücksichtigung der Sozialgebundenheit des Eigentums unzumutbar ist (vgl. m. w. N. *Axer*, in: Epping/Hillgruber, Art. 14 Rn. 104 ff.). Ein Ausgleichsanspruch wegen Inhalts- und Schrankenbestimmungen setzt stets eine entsprechende gesetzliche Regelung voraus (z. B. § 8a Abs. 5 FStrG). Sieht der Gesetzgeber keine Entschädigungsregelung vor, obgleich diese verfassungsrechtlich geboten war, ist die Inhalts- und Schrankenbestimmung nichtig (vgl. *Detterbeck*, § 22 Rn. 1176 ff.).

IV. Öffentlich-rechtliche Erstattungsansprüche

562 Der öffentlich-rechtliche Erstattungsanspruch zielt auf die **Rückabwicklung rechtsgrundloser Vermögensverschiebungen** im öffentlichen Recht ab und bildet damit die Parallele zu den privatrechtlichen Ansprüchen aus ungerechtfertigter Bereicherung nach §§ 812 ff. BGB. Er kann sowohl vom Bürger gegenüber der Verwaltung als auch von der Verwaltung gegenüber dem Bürger geltend gemacht werden; auch zwischen zwei Verwaltungsträgern sind öffentlich-rechtliche Erstattungsansprüche denkbar.

563 Öffentlich-rechtliche Erstattungsansprüche sind vielfach spezialgesetzlich geregelt, z. B. in § 49a VwVfG oder § 50 SGB X. Diese sind gegenüber dem – als eigenständiges Rechtsinstitut des öffentlichen Rechts anerkannten – allgemeinen öffentlich-rechtlichen Erstattungsanspruch vorrangig. Tatbestandlich setzt der allgemeine öffentlich-rechtlichen Erstattungsanspruch voraus, dass eine Vermögensverschiebung in einer öffentlich-rechtlichen Rechtsbeziehung ohne Rechtsgrund erfolgt ist. Dies ist insbesondere dann der Fall, wenn die Vermögensverschiebung auf einem nichtigen öffentlich-rechtlichen Vertrag oder einem nichtigen Verwaltungsakt beruht. Demgegenüber bildet ein rechtswidriger, aber rechtswirksamer Verwaltungsakt bis zu seiner Aufhebung einen Rechtsgrund für eine Vermögensverschiebung. Vertiefend, auch zum Erstattungsumfang, vgl. *Detterbeck*, § 25 Rn. 1235 ff.

Stichwortverzeichnis

Die Ziffernangaben beziehen sich auf die Randnummern des Buches.

A
Abgabenverwaltung 9
Ablehnungsbescheid 370
Adressat 272, 337
– als Beteiligter 191
– Bekanntgabeadressat 272
– Regelungsadressat 272, 411
Aktenbeständigkeit 205
Akteneinsicht 232
– elektronische Akten 233
– Nachholung 234
Aktenführung 205
Aktenvollständigkeit 205
Aktenwahrheit 205
Akzessorietät der Nebenbestimmung 371
Allgemeinverfügung 109
– Absehen von der Begründung 252
– Absehen von der Anhörung 226
– öffentliche Bekanntgabe 423
Amt 43
Amtsermittlungsgrundsatz 204
Amtshaftungsanspruch 531 ff.
Amtspflichtverletzung 537
Amtswalter 43
Androhung von Zwangsmitteln 505
Anhörung 222, 355
– Begriff 227
– entscheidungserhebliche Tatsachen 228
– Gelegenheit zur Äußerung 229
– Nachholung 230
Anhörungsrecht
– anderer Behörden 236
Anspruch auf Einschreiten 328, 332
Anspruch auf fehlerfreie Ermessensausübung 331
Anstalt des öffentlichen Rechts 38
Antrag 352
– auf Einleitung eines Verwaltungsverfahrens 186
– Heilung 353
– hinreichende Bestimmtheit 354
– Nachholung 353
Antragsgegner 190
Antragsteller 189
Anwendung von Zwangsmitteln 507
Anwendungsvorrang 15
Auflage 372
Auflagenvorbehalt 372
Aufopferung 553
Ausgleichsanspruch
– bei Inhalts- und Schrankenbestimmungen 561
– bei Rücknahme 472
Auskunft 125
Auskunftspflicht 210
Auslegung 66, 79
Auslegungsmethoden 264
Ausschluss 216
Auswechseln der Ermächtigungsgrundlage Siehe Ermächtigungsgrundlage, Austausch
automatisiertes Verfahren 131

B
Bedarfsverwaltung 9, 28
Bedingung 372
Befangenheit 216 ff.
Befristung 372
Begründung des Verwaltungsaktes 246, 360
– Ausnahmen 252
– Ermessensentscheidungen 248
– Ermessenserwägungen 294
– Heilung 251
– Nachholung 251
– wesentliche tatsächliche und rechtliche Gründe 247
Behörde 43, 99
Bekanntgabe 394
– Abruf eines elektronischen Verwaltungsaktes 420
– Bekanntgabefiktion 417
– einfacher Postversand 416
– elektronisch übermittelte Verwaltungsakte 419
– Empfänger 431
– Empfangsbote 429
– fehlerhafte 432
– Heilung von Bekanntgabefehlern 432
– Nachweis 418
– öffentliche 422
– öffentliche (Internet) 425
– Verkehrszeichen 426
– Zugang 427
Bekanntgabewillen 394
Beliehene 40, 99
Benehmen 236
Beratungspflicht 210
Berichtigung
– des Verwaltungsaktes 445
Bescheid 214
Bestandskraft 446
Bestätigung
– berechtigtes Interesse 245
– schriftlicher oder elektronischer Verwaltungsakte 245
Beteiligte
– Akteneinsicht 232
– Anhörung 223
– Bedeutung für Mitwirkungsverbot 217
– Begriff 187
– durch Hinzuziehung 188
– kraft Gesetzes 188
Beteiligungsfähigkeit 195
Betriebs- und Geschäftsgeheimnisse 207
Beugemittel 498
Beurteilungsspielraum 62, 67, 265
Bevollmächtigter 197, 411
Beweismittel 204
Bundesbehörden 45
Bundesverwaltung
– mittelbare 45
– unmittelbare 45

C
Corona-Pandemie 312

147

Stichwortverzeichnis

D
Daseinsvorsorge 7
Datenschutz 207 ff.
De-Mail-Dienste 409
Dienstaufsicht 52
Duldung 496

E
Effektivität der Gefahrenabwehr 280
E-Government-Gesetz 199, 203
Eingriffsverwaltung 6, 56
Einschreiben 402
Einvernehmen 236
elektronische Form
– schriftformersetzend 201
elektronische Kommunikation 199, 203, 242
Empfangsbekenntnis 404, 408
Enteignung 553
Entschädigungsansprüche 553 ff.
Ermächtigungsgrundlage 56, 161
– Austausch 171
– mehrere 167
– Vereinbarkeit mit höherrangigem Recht 255
Ermessen 62, 68, 282, 364
– Auswahlermessen 287
– Entschließungsermessen 287
– Ermessensgrenzen 280
– gerichtliche Überprüfung 286, 310
– Grenzen 285, 300
– intendiertes 294
– Nachschieben von Ermessenserwägungen 294, 310
– Zweckmäßigkeit 285
– Zweckmäßigkeitsüberlegungen 282
Ermessenreduzierung auf Null 192
Ermessensarten
– Auswahlermessen 327
– Entschließungsermessen 324
Ermessensfehler 69, 289
– Ermessensdefizit 295
– Ermessensfehlgebrauch 297
– Ermessensnichtgebrauch 291
– Ermessensüberschreitung 299

Ermessensreduzierung auf Null 324, 332, 365, 442
Ersatzvornahme 492
Ersatzzwangshaft 499
Erstattungsanspruch
– öffentlich-rechtlicher 562
erwerbswirtschaftliche Betätigung der Verwalung 28

F
Fachaufsicht 52
Festsetzung von Zwangsmitteln 506
Folgenbeseitigungsanspruch 548
Form des Verwaltungsaktes 237, 356
– elektronische Form 241, 359
– Formfreiheit 239, 359
– Schriftform 240, 359
Frist 211
– behördliche 213
– gesetzliche 212

G
gebundene Entscheidung 281, 364
gebundene Verwaltungsakte 442
Gefahr im Verzug 224
Gefahrenabwehr 6, 165, 276, 324, 343
Geltungsvorrang 16
Genehmigungsfiktion 354, 368
Generalklausel 165
gerichtliche Überprüfung 66
Gesetz
– formelles 21
– materielles 22
gesetzlicher Vertreter 411, 431
Gesetzmäßigkeit der Verwaltung 54, 58, 547
– Vorbehalt des Gesetzes 56
– Vorrang des Gesetzes 55
Gewaltenteilung 4
Gleichbehandlungsgrundsatz 60
Gleichheitssatz 26, 29, 313

H
Handlungsfähigkeit 196, 353
Handlungsformen der Verwaltung

– Außenverhältnis 86
– Innenverhältnis 85
– öffentlich-rechtlich 84
– Realakte 84, 102
– Rechtsakte 85
– vertraglich *Siehe* Öffentlich-rechtlicher Vertrag
Heilung
– von Verfahrens- und Formfehlern 439
– von Zustellungsfehlern 413
Hinweis auf die Rechtslage 380
Hinzuziehung 188
– einfache 192
– notwendige 192

I
Informationszugangsrecht 235
inhaltliche Bestimmtheit 336, 367
Inhaltsbestimmung 380
Interessentheorie 30

J
juristische Person
– des öffentlichen Rechts 35
– des Privatrechts 35, 40

K
Körperschaft des öffentlichen Rechts 36

L
Landesverwaltung
– allgemeine 46
– mittelbare 49
– unmittelbare 46
Leistungsverwaltung 7, 343
Lenkungsverwaltung 8
Lex-specialis-Regel 18, 167

M
Mehrpoliges Rechtsverhältnis 80
Mitwirkungsrechte anderer Behörden 236
Mitwirkungsverbote 216
modifizierende Genehmigung 380

N
Nebenbestimmung 360, 363, 371
– Koppelungsverbot 385

Stichwortverzeichnis

- Rechtsschutz 387
- Zulässigkeit 381
Nichtigkeit
- des Verwaltungsaktes 434
Nichtstörer 276

O
öffentlich-rechtlicher Vertrag 133
- Abgrenzung 136
- Arten 137
- Austauschvertrag 147
- Fehlerfolgen 153
- formelle Rechtmäßigkeit 151
- koordinationsrechtlicher 139
- Legaldefinition 134
- materielle Rechtmäßigkeit 152
- Nichtigkeit 154
- Schriftform 151
- subordinationsrechtlicher 141
- Vergleichsvertrag 145
- Zulässigkeit der Vertragsform 150
Onlinezugangsgesetz 202
Ordnungsverwaltung 6, 346
Organleihe *Siehe* Verwaltungsträger
Organwalter *Siehe* Verwaltungsträger

P
personenbezogene Daten 207
Plan 87
Planfeststellungsverfahren 349
Postzustellungsurkunde 400
privatrechtliches Handeln der Verwaltung 27

Q
qualifizierte elektronische Signatur 407

R
Realakte *Siehe* Handlungsformen der Verwaltung
Rechtmäßigkeit
- formelle 174
- materielle 254 ff.
Rechtsaufsicht 52
Rechtsbehelfsbelehrung 253, 366
Rechtsbehelfsfrist 395

Rechtsfolge 62, 162
Rechtsgrundlage 346
Rechtsnachfolge 433
Rechtsverordnung 23
Rechtswidrigkeit
- Abgrenzung zur Wirksamkeit 392
Rücknahme
- Adressat 275
- Begriff 448
- Ermächtigungsgrundlage 453
- Frist 473
- Geld- und Sachleistungsverwaltungsakt 461
- nach Ermessen 458
- örtliche Zuständigkeit 454
- Schutzwürdigkeit des Vertrauens 461
- sonstige Verwaltungsakte 471
- Tatbestandsvoraussetzungen 456
- Vermögensdisposition 465
- Wirkung 450

S
Sachzusammenhangstheorie 31
Satzung 25
Schutznormtheorie 79, 189, 329
Selbstbindung der Verwaltung 26, 313, 321
Selbsteintritt 180
Selbstverwaltungsrecht 37, 50
Signatur
- qualifizierte elektronische 201
sofortiger Vollzug 511, 518
Soll-Vorschrift 249, 284, 293
Sonderopfer 553
Sozialleistungsverwaltung 346
Staatsaufsicht 51
Staatshaftungsrecht 529
Staatsverwaltung
- mittelbare 35
- unmittelbare 34
Stiftung des öffentlichen Rechts 39
Störer 276
- Störerauswahl 280
- Unterlassen 278
- Verhaltensstörer 278
- verschuldensunabhängig 279
- Zustandsstörer 278

subjektiv-öffentliches Recht 71, 185, 329, 352
Subjektstheorie
- modifizierte 30, 100
Subordinationstheorie 30
Subsumtion 270
Subventionen 57

T
Tatbestand 62
Tatbestandsvoraussetzungen 257, 362
- Auslegung 264
- Konkretisierung 262
Teilgenehmigung 127
Tenor 338
Termin 211
Theorie der unmittelbaren Verursachung 278

U
Umdeutung 444
Unbeachtlichkeit
- von Verfahrens- und Formfehlern 441
unbestimmter Rechtsbegriff 62, 65, 264
Unionsrecht 15
- primäres 15
- sekundäres 15
unmittelbarer Zwang 500
Unmöglichkeitsverbot 314
- objektive tatsächliche Unmöglichkeit 315
- rechtliche Unmöglichkeit 316
- subjektive tatsächliche Unmöglichkeit 315
Unterlassung 496
Unzuverlässigkeit 265
Urkunde 357

V
Verfahrensbeteiligter
Siehe Beteiligter
Verfahrensende 214
Verfahrenshandlung 194, 234
Verfahrensvorschriften 181
Verhältnismäßigkeit 59, 248, 301, 340
- Angemessenheit 308
- Erforderlichkeit 306
- Geeignetheit 304
- legitimer Zweck 303
Verkehrszeichen 426
Vertrauensschaden 125

149

Stichwortverzeichnis

Vertrauensschutz 60, 449
vertretbare Handlung 492, 496
Verwaltung
- Aufbau 44
- Begriff 3
- Handlungsformen 84

Verwaltungsakt
- Allgemeinverfügung 109
- Außenwirkung 111
- Bedeutung 89
- befehlender 118
- Begriff 95
- begünstigender 119, 366
- Behördenbegriff 99
- belastender 119, 223
- bereits erlassener 158, 173, 327, 339
- Einzelfall 107
- elektronischer 241, 243, 420, 425
- feststellender 118
- hoheitliche Maßnahme 96
- mehrstufiger 113, 120, 236
- mit Drittwirkung 119, 360
- mitwirkungsbedürftiger 120, 136
- mündlicher 244
- noch zu erlassender 158, 173
- Rechtmäßigkeitsprüfung 158
- rechtsgestaltender 118
- Regelung 101
- schlicht rechtswidriger 438
- vollständig automatisierter Erlass 129
- Vorbereitungshandlungen 103

verwaltungsgerichtliches Verfahren
- Nachholung der Anhörung 231

Verwaltungshelfer 41, 99
Verwaltungsorganisation 32
Verwaltungsorganisationsrecht 177
Verwaltungsprivatrecht 29
Verwaltungsrecht
- allgemeine Grundsätze 11
- allgemeines 11
- besonderes 12, 163
- Rechtsquellen 14

Verwaltungsträger 33
- Organe 42
- Organleihe 42
- Organwalter 42

Verwaltungsverfahren 182
- allgemeines 182
- Beginn 183
- Einleitung nach Ermessen 184
- förmliches 349
- verpflichtende Einleitung 185

Verwaltungsverfahrensrecht 11
Verwaltungsvollstreckung 483
- Ablauf des Vollstreckungsverfahrens 504
- Begriff 484
- Geldforderungen 526
- Kosten 525
- Rechtsgrundlagen 488
- Rechtsschutz 522
- Verfahrensarten 489
- Vollstreckungsvoraussetzungen 508
- Zwangsmittel 491

Verwaltungsvollstreckungsrecht 11
Verwaltungsvorschriften 26
- ermessenslenkende 319
- mittelbare Außenwirkung 26
- norminterpretierende und normkonkretisierende 268

Verwerfungskompetenz 256
Vollstreckbarkeit des Grundverwaltungsaktes 511
Vollstreckungsanordnung 526
Vollstreckungsfähigkeit des Grundverwaltungsaktes 510
Vollstreckungshindernis 316, 513
Vollstreckungstitel 485
Vollstreckungsvoraussetzungen
- allgemeine 509
- besondere 514

Vorbehalts des Gesetzes 346
Vorbescheid 126

W

Wahlrecht der Verwaltung 29
Weisung 112
Wesentlichkeitstheorie 56
Widerruf 474
- Adressat 275
- Begriff 448
- begünstigender Verwaltungsakte 479
- Ermächtigungsgrundlage 475
- nicht begünstigender Verwaltungsakte 478
- örtliche Zuständigkeit 476

Widerrufsvorbehalt 372
Widerspruch 446
Widerspruchsbescheid 230, 251
Widerspruchsverfahren
- Nachholung der Anhörung 230

Wiederaufgreifen des Verfahrens 480 ff.
Wiedereinsetzung in den vorigen Stand 212, 401
wiederholende Verfügung 105
Wirksamkeit des Verwaltungsaktes
- als Voraussetzung für die Vollstreckung 512
- Bedeutung 390
- bei Rechtsnachfolge 433

Z

Zugang 414
- für elektronische Dokumente 200, 419

Zusage 122
Zusicherung 123
Zuständigkeit
- instanzielle 177
- örtliche 179, 348
- sachliche 175, 348

Zustellung 396
- an mehrere Beteiligte 412
- Arten 399
- Begriff 397
- elektronische 408
- elektronische Dokumente 407
- Empfänger 411
- Ersatzzustellung 401
- Heilung von Zustellungsfehlern 414
- im Ausland 410
- öffentliche 410
- vereinfachte 406
- Zustellungsurkunde 400

Zustimmung 236
Zwangsgeld 496
Zwangsmittel *Siehe* Verwaltungsvollstreckung
Zweckmäßigkeitserwägungen 248
Zweitbescheid 105, 481